Relações públicas para iniciantes

Dados Internacionais de Catalogação na Publicação (CIP)
(Câmara Brasileira do Livro, SP, Brasil)

Cesca, Cleuza G.
  Relações públicas para iniciantes / Cleuza G. Gimenes
Cesca. – São Paulo : Summus, 2012.

ISBN 978-85-323-0807-8
Bibliografia.

1. Relações públicas 2. Relações públicas – Estudo e ensino I. Título.

12-06202   CDD-659.207

Índice para catálogo sistemático:
1. Relações públicas : Estudo e ensino   659.207

www.summus.com.br

Compre em lugar de fotocopiar.
Cada real que você dá por um livro recompensa seus autores
e os convida a produzir mais sobre o tema;
incentiva seus editores a encomendar, traduzir e publicar
outras obras sobre o assunto;
e paga aos livreiros por estocar e levar até você livros
para a sua informação e o seu entretenimento.
Cada real que você dá pela fotocópia não autorizada de um livro
financia o crime
e ajuda a matar a produção intelectual de seu país.

Relações públicas para iniciantes

CLEUZA G. GIMENES CESCA

summus editorial

RELAÇÕES PÚBLICAS PARA INICIANTES
Copyright © 2012 by Cleuza G. Gimenes Cesca
Direitos desta edição reservados por Summus Editorial

Editora executiva: **Soraia Bini Cury**
Editora assistente: **Salete Del Guerra**
Capa: **Alberto Mateus**
Projeto gráfico e diagramação: **Crayon Editorial**
Impressão: **Sumago Gráfica Editorial**

Summus Editorial
Departamento editorial
Rua Itapicuru, 613 – 7º andar
05006-000 – São Paulo – SP
Fone: (11) 3872-3322
Fax: (11) 3872-7476
http://www.summus.com.br
e-mail: summus@summus.com.br

Atendimento ao consumidor
Summus Editorial
Fone: (11) 3865-9890

Vendas por atacado
Fone: (11) 3873-8638
Fax: (11) 3873-7085
e-mail: vendas@summus.com.br

Impresso no Brasil

AGRADEÇO

a Deus, Jesus e Maria,
pelas incontáveis vezes que me socorreram.

DEDICO ESTA OBRA

a Monnalisie, Brenno e Igor, "minhas crianças", que já aprenderam a bater asas e começam a voar.

a Wilson, que chegou na primavera para juntos vivermos todas as estações da vida.

Sumário

APRESENTAÇÃO 11

1 DEFINIÇÕES E CONCEITOS.................................. 13

A profissão de relações públicas................................. 13
Histórico 15
A formação acadêmica do profissional de RP no Brasil 21
 As disciplinas do currículo 22
As atividades da profissão 24
 Onde o profissional de RP pode trabalhar 28
Os públicos com os quais o profissional de RP trabalha 28
 Classificação tradicional de públicos 30
 Classificação moderna de públicos................................. 32
Os veículos de comunicação e a atividade de RP 33
 Veículos de comunicação de massa 33
 Veículos de comunicação dirigida.................................. 34
As mudanças na comunicação tradicional............................... 42
A pesquisa: a importância de ouvir os públicos das empresas/organizações 44
 Pesquisa de opinião... 44
 Auditoria de opinião 45
As fases do projeto de pesquisa 45
Modelo de projeto de pesquisa institucional para funcionários 46

2 COMO FAZER UM PROJETO GLOBAL DE RELAÇÕES PÚBLICAS........ 49

Projetos acadêmicos.. 49
 Modelo de projeto acadêmico 50

Exemplos. 55
Proposta de programas de responsabilidade social. 59
Projetos profissionais. 61
Como fazer projetos individualizados. 62
Projetos para instituições do terceiro setor. 85

REFERÊNCIAS BIBLIOGRÁFICAS 93

Apresentação

A PUBLICAÇÃO DE UM livro didático, objetivo e de fácil compreensão para iniciantes pode contribuir para um maior esclarecimento sobre as relações públicas – atividade imprescindível em todos os tipos de organização.

Afinal, ainda hoje é possível afirmar que:

- A nomenclatura da atividade de relações públicas não é bem compreendida no mercado de trabalho.
- Alunos iniciantes em cursos de relações públicas têm dificuldade de compreender o que seja a profissão.
- A bibliografia existente carece de material que trate o assunto de forma didática.

Portanto, um livro com essas informações pode:

- Colaborar para a redução do êxodo de alunos dos primeiros semestres.
- Subsidiar estudantes que vão prestar vestibular e ainda não conhecem bem a profissão de relações públicas.
- Esclarecer os alunos iniciantes do curso de relações públicas.
- Subsidiar estudantes de publicidade e propaganda, jornalismo, marketing, e administração que desejam informações sobre a área.

O conteúdo aqui esmiuçado se torna ainda mais importante quando lembramos que:

- A atividade relações públicas precisa de mais esclarecimentos sobre a sua real função.

- Tem havido evasão nos dois primeiros semestres das faculdades de RP.
- O mercado não conhece muito bem a profissão e tende a transferir suas funções para setores com outras denominações.

Parte dos alunos ingressa em faculdades de relações públicas sem saber exatamente do que trata a profissão e permanece assim ao longo do primeiro ano, pois nesse período os cursos oferecem, regra geral, as disciplinas de formação humanística, ficando as de formação técnica para mais tarde.

Por outro lado, trazer para os primeiros semestres as disciplinas de conhecimento específico, técnico, e deixar para os últimos as de formação humanística seria ainda mais desinteressante para parte dos estudantes.

Acredita-se, portanto, que a leitura de um livro que traga informações completas sobre a profissão fará que, a par desse conteúdo, os estudantes assimilem com prazer as importantes disciplinas de formação humanística até chegarem às matérias de conhecimento específico.

Com todas essas preocupações nasceu *Relações públicas para iniciantes*.

A AUTORA

1 Definições e conceitos

A PROFISSÃO DE RELAÇÕES PÚBLICAS

EMBORA HAJA INÚMERAS DEFINIÇÕES de relações públicas, todas elas são unânimes em salientar que o objetivo principal dessa atividade é manter a compreensão mútua entre as partes – empresa e seus públicos. De resto, o que as torna diferentes é apenas o uso das palavras, que seguem a preferência de seus autores, como podemos observar nas que selecionamos a seguir.

Andrade (1993, p. 35) afirma que, "na realidade, há tantas definições e conceitos sobre relações públicas quanto há estudiosos, professores, profissionais e administradores".

A Federação Interamericana de Relações Públicas (Fiarp) (*apud* Andrade, 1993, p. 81) assim se manifesta:

> São uma atividade sociotécnico-administrativa, mediante a qual se pesquisa e avalia a opinião e a atitude do público e se empreende um programa de ação planificado, contínuo e de comunicação recíproca, baseado no interesse da comunidade e na compreensão da mesma [sic] para com entidades de qualquer natureza.

A International Public Relations Association (Ipra) (*apud* Andrade, 1996, p. 46) entende que

> as relações públicas constituem uma função de direção, de caráter permanente e organizado, mediante a qual uma empresa pública ou privada procura obter e conservar a compreensão, a simpatia e o concurso de todas as pessoas a que se aplica. Com esse propósito, a empresa deverá fazer uma

pesquisa na área de opinião que lhe convém, adaptando, tanto quanto possível, a sua linha de conduta e seu comportamento e, pela prática sistemática de uma ampla política de informação, obter uma eficaz cooperação em vista da maior satisfação possível dos interesses comuns.

A Lei n.º 5.377, de 2 de dezembro de 1967, que regulamenta a profissão, define-a como[1]

a atividade e o esforço deliberado, planificado e contínuo para estabelecer e manter a compreensão mútua entre uma instituição pública ou privada e os grupos e pessoas a que esteja direta ou indiretamente ligada constituem o objeto geral da profissão liberal ou assalariada de relações públicas.

Para a Associação Brasileira de Relações Públicas (ABRP) (*apud* Andrade, 1996, p. 81), trata-se do

esforço deliberado, planificado e contínuo da alta administração para estabelecer e manter uma compreensão mútua entre uma organização pública ou privada e seu pessoal, assim como entre a organização e todos os grupos aos quais está ligada, direta ou indiretamente.

As definições são tantas e tão acadêmicas que infelizmente não esclarecem os interessados no assunto. Na tentativa de buscar uma definição objetiva e direta, elaboramos a seguinte: "Relações públicas é uma profissão que trabalha com comunicação, utilizando todos os seus veículos/instrumentos para administrar a relação da empresa com os seus públicos".

Como as dúvidas ainda são muitas, a denominação "relações públicas" está desaparecendo do mercado e os profissionais da área estão ocupando cargos com outras nomenclaturas nas organizações.

---

1. Para exercer a profissão é necessário o registro no Conselho Regional de Relações Públicas (Conrerp). Equivale ao registro de advogado feito na Ordem de Advogados do Brasil (OAB), àquele feito pelos médicos no Conselho Regional de Medicina (CRM) etc.

Os alunos dos cursos brasileiros de relações públicas realizam anualmente projetos experimentais (trabalhos de conclusão de curso, TCCs) para empresas públicas, privadas, de economia mista e do terceiro setor dos mais variados portes. Isso tem contribuído bastante para esclarecer a profissão e abrir espaço no mercado de trabalho.

HISTÓRICO

AS JUSTIFICATIVAS EXISTENTES A respeito da progênie histórica das relações públicas não conseguiram, ainda, unificar e satisfazer todos quantos buscam descobrir suas raízes.

A fixação de um momento exato para o surgimento de uma ciência ou atividade social nem sempre é possível, dada sua inerência natural ao homem. Há, contudo, estudiosos que vislumbram nas relações públicas uma das raras atividades humanas com data de nascimento precisa – o ano de 1873, quando o empresário norte-americano William D. Vanderbilt proferiu a célebre frase "o público que vá para o diabo" (apud Penteado, 1969, p. 9).

Para Teobaldo de Andrade (1973, p. 3-4), a frase referida foi dita em 1882, sendo seu autor indefinido, pois tanto se atribui a William D. Vanderbilt como a seu filho, William Henry.

Portanto, podemos afirmar que a origem das relações públicas, como comportamento empírico do homem para melhorar o relacionamento com seu semelhante, perde-se no tempo (Evangelista, 1977, p. 17) – tanto que no estudo de ciências como história, sociologia, filosofia, direito, literatura e religião antigas encontram-se atividades semelhantes às das relações públicas.

Entretanto, segundo Evangelista (1977, p. 17), Leite (1977, p. 5) e outros estudiosos, as relações públicas como filosofia, função administrativa ou conjunto de técnicas de comunicação surgiram apenas no começo do século XX.

No que tange ao emprego, pela primeira vez, da expressão "relações públicas", Teobaldo de Andrade (1993, p. 68) informa que no dia 27 de outubro de 1807 o presidente americano Thomas Jefferson, ao escrever de próprio punho uma mensagem ao Congresso, substituiu os termos "estado de pensamento" por "relações públicas", quando procurava demonstrar a necessidade de o povo receber prestação de contas de seu governo.

Teobaldo de Andrade (1993, p. 60) informa também que há outras opiniões a respeito da primazia do uso dessa expressão, como a que diz ter surgido nos Estados Unidos em 1882, na Yale Law School, durante uma conferência proferida pelo advogado Dorman Eaton com o título de "The public relations and duties of the legal profession". Ele também esclarece que para Fred L. Black, diretor da Nash-Kelvinator Corporation com cerca de 40 anos de atividade em relações públicas, o termo começou a ser empregado realmente em 1882, sem contudo propagar-se.

Ainda segundo Andrade (1993, p. 68), o termo "relações públicas", na atual conotação, pode ter sido usado inicialmente no Anuário de Literatura Ferroviária dos Estados Unidos de 1897; em 1906, por Theodore Vail, presidente da American Telephone and Telegraph Company, no relatório anual da empresa; ou em 1910, quando Daniel Wellard, presidente da Baltimore-Ohio Railroad, empregou a expressão "nossas relações públicas" em vez de "nossas relações com o público", como era de hábito.

Segundo Mogel (1993), nos Estados Unidos as relações públicas surgiram no início do século XIX, quando os jornais veicularam gratuitamente anúncios em suas colunas de notícias para retribuir favores dos anunciantes. Agências literárias foram criadas para desenvolver esse trabalho e no começo do século XX muitos publicitários, em geral antigos jornalistas, passaram a executar essa atividade em Nova York e em outras grandes cidades americanas. Esse início foi um elemento importante na evolução das relações públicas e continua sendo praticado na imprensa e na promoção de eventos especiais.

Para Mogel, o final do século XIX viu a ascensão dos *robber barons* (magnatas ladrões), industriais cujo apego ao dinheiro era tão exagerado que tinham como princípio "dane-se o público". Os excessos desses homens de negócio eram abominados por um grupo de escritores conhecidos como *muckrakers* (pessoas que investigam e denunciam a corrupção política e administrativa). Para se contrapor às atitudes desses escritores e de uma imprensa investigativa crescente, algumas empresas contrataram publicitários para suavizar a opinião pública e lançar uma luz mais benigna às suas atividades. Aos poucos, as agências governamentais americanas e britânicas começaram a contatar especialistas em publicidade, frequentemente chamados de "diretores de informação".

Historicamente, um dos personagens que mais se beneficiaram das relações públicas foi o magnata americano John Davison Rockefeller (1839-1937). Como enfrentava dificuldades diante da opinião pública e do governo, a ponto de não poder sair à rua sem seguranças, ele contratou o jornalista Ivy Lee para assessorá-lo. Este trabalhou muito para mudar a imagem de seu cliente: dispensou os guarda-costas; fez um trabalho de esclarecimento com a imprensa, com respostas para todas as críticas recebidas; criou formas práticas de reverter para o povo parte daquilo que Rockefeller dele recebia, como a criação da Fundação Rockefeller que distribuía bolsas de estudo, criava centros de pesquisas, construía hospitais e museus em benefício da população. Assim, um homem odiado pela opinião pública consciente de seu país, graças a essa campanha pioneira, foi transformado em herói (Leite, 1977, p. 6).

A título de ilustração transcrevemos trecho da carta enviada por Ivy Lee aos editores dos jornais do país – documento que, por seu pioneirismo e conteúdo, constitui um registro histórico para os profissionais da área:

Este não é um serviço de imprensa secreto. Todo o nosso trabalho é feito às claras. Nós pretendemos fazer a divulgação de notícias. Isso não é agenciamento de anúncios. Se acharem que nosso assunto ficaria melhor na seção comercial, não o usem. Nosso assunto é exato. Mais detalhes, sobre qualquer questão, serão dados prontamente e qualquer diretor de jornal interessado será auxiliado, com o maior prazer, na verificação direta de qualquer declaração do fato. Em resumo, nosso plano é divulgar prontamente, para o bem das empresas e das instituições públicas, com absoluta franqueza, à imprensa, ao público dos Estados Unidos, informações relativas a assuntos de valor e de interesse para o público. (Wey, 1983, p. 31)

Desse modo, Ivy Lee foi artífice de uma das mais espetaculares transformações da "imagem" de um homem perante a opinião pública de um país (Penteado, 1969, p. 13), sendo chamado "pai das relações públicas" (Andrade, 1993, p. 70).

Outra figura emblemática do início das relações públicas é Edward L. Bernays (1891-1995), austríaco radicado nos Estados Unidos que permaneceu na ativa até os 101 anos de idade. Visionário, escreveu o primeiro livro e lecionou o primeiro curso universitário sobre o tema. Durante sua longa carreira teve clientes famosos como Thomas Edison, Henry Ford e Eleonor Roosevelt. Também assessorou o presidente Eisenhower e recusou Adolf Hitler como cliente. É interessante registrar que Bernays era sobrinho de Sigmund Freud.

Como aconteceu com vários segmentos e atividades norte-americanos, as relações públicas desenvolveram-se enormemente nesse país, tendo exercido um papel eficiente, prático e objetivo quer na fase entreguerras, quer durante a crise econômica que assolou os Estados Unidos no final dos anos 1920 e início dos anos 1930, minimizando os efeitos desses períodos difíceis.

Mas o campo de ação que se oferece às relações públicas é largo, não se limitando às fases de crise. Por isso, seu desenvolvimento foi grande; milhares de empresas passaram a contar com a assessoria de relações públicas, criando departamentos específicos ou buscando-a em assessorias especializadas.

Em consequência, por volta de 1935, várias universidades e colégios implantaram cursos de relações públicas. Como dado histórico, esclarece-se que a Escola de Relações Públicas e Comunicações da

Universidade de Boston (1947) – denominada mais tarde Escola de Comunicação Pública – foi a primeira instituição do gênero no mundo. Oferecia cursos de formação em nível médio (um ano) e em nível superior (três anos). Em 1948, surgiu a Sociedade Americana de Relações Públicas (Public Relations Society of America, PRSA) (Andrade, 1973, p. 8).

Hoje, sob vários títulos, todas as agências governamentais americanas têm um departamento de assuntos públicos ou relações públicas.

Na França, em 1949, um grupo de dez pessoas formou a primeira associação de relações públicas, tendo por lema um pensamento do filósofo Auguste Comte: "Uma empresa comercial deve ser aberta e clara como uma casa de vidro para que todos a vejam. Aqueles que dirigem negócios têm o dever de esclarecer a opinião pública sobre as suas verdades". Essa associação ficou conhecida como Casa de Vidro (La Maison de Verre). Dois anos depois foi criada a primeira associação profissional do gênero na França, L' Association Française des Relations Publiques (AFRP), congregando as pessoas que efetivamente empenhavam-se na prática das relações públicas (D'Azevedo, 1971, p. 23).

Andrade (1993, p. 86) esclarece que naquele país as relações públicas eram incipientes até o início dos anos 1960, sendo o único serviço oficial chamado de Relações Públicas Exteriores, localizado no Ministério dos Correios, Telégrafos e Telefones.

Na Alemanha Ocidental, a Deutsche Public Relations Gesellchaft (Associação Germânica de Relações Públicas, DPRG na sigla em alemão) surgiu em 1950 (D'Azevedo, 1971, p. 25).

Na Itália, a Associazione Italiana de Relazione Pubbliche (Airp) foi constituída em 1954. O país congrega também a União Nacional dos Profissionais de Relações Públicas (UNIPR), que tem por membros todos os profissionais qualificados, e o Instituto Superior Internacional para Estudos de Relações Públicas (Isirp), interessado no ensino de relações públicas em nível de pós-graduação (D'Azevedo, 1971, p. 26).

Outros países europeus, como Holanda, Noruega, Bélgica, Suécia, Finlândia e Portugal, têm a atividade de relações públicas em franca evolução e atuando nos mesmos moldes das demais nações (D'Azevedo, 1971, p. 24-5; Leite, 1977, p. 7-8).

Na Grã-Bretanha, no início dos anos 1920, o primeiro-ministro David Lloyd George, ao apresentar o projeto de lei referente à instituição de seguro obrigatório (National Insurance Act), organizou uma comissão para explicar ao povo a importância desse instituto, tornando-se esse um dos primeiros sinais oficiais da atividade de relações públicas (D'Azevedo, 1971, p. 21; Andrade, 1993, p. 82-3).

Durante a Primeira Guerra Mundial, o governo britânico criou organismos para informar aos ingleses o esforço despendido e o espírito patriótico que o norteava, e procurou divulgar sua propaganda nos países inimigos.

Em 1926, o Conselho de Marketing do Império, que visava estimular a produção e o consumo de artigos nacionais, passou a empregar técnicas de relações públicas. Na década de 1930, fundou-se o Conselho Nacional de Relações Públicas, integrado pelos representantes das associações nacionais (Andrade, 1993, p. 8).

Daí em diante, as relações públicas sempre estiveram em posição de destaque, quer junto do governo, quer junto do povo inglês, procurando manter entre ambos uma convivência harmoniosa.

No Brasil, e talvez no mundo, o primeiro departamento chamado Relações Públicas foi criado em 30 de janeiro de 1914, na The Light and Power Company, atual Eletropaulo, cuja direção coube ao engenheiro Eduardo Pinheiro Lobo. Ele o comandou com pioneirismo e eficiência, razão pela qual é tido como o "pai das relações públicas no Brasil", sendo o Dia Nacional das Relações Públicas comemorado na data do seu aniversário, 2 de dezembro (Andrade, 1973, p. 22).

No governo, o primeiro serviço informativo foi criado em 1911, no Ministério da Agricultura, com o nome de Serviço de Informação e Divulgação. Em 1934 surgiu o Departamento de Propaganda e Difusão Cultural, no Ministério da Justiça e Negócios do Interior, de onde passou a ser transmitida a "Voz do Brasil", que havia sido criada em 1932 (Wey, 1983, p. 34).

Outros órgãos, departamentos e até ministérios, bem como empresas privadas, passaram a contar com serviços que se podem chamar de relações públicas – cujo objetivo é informar, esclarecer e divulgar. Logo os estudiosos do assunto perceberam que para seu exercício não bastavam apenas inteligência, facilidade de expressão e bom relacionamento; fazia-se necessária uma preparação específica, o que determinou, em 1949, a realização de várias conferências no Instituto de Administração da Universidade de São Paulo (Andrade, 1973, p. 23).

Em 1954, mais precisamente no dia 21 de julho, foi fundada em São Paulo a Associação Brasileira de Relações Públicas (ABRP), composta por 27 estudiosos e relações-públicas. A entidade foi sediada no Instituto de Organização Racional do Trabalho (Idort), cabendo a primeira presidência a Hugo Barbieri (Andrade, 1978, p. 23).

Contudo, o primeiro curso superior de relações públicas do Brasil foi instituído em 1967 pela Escola de Comunicações e Artes da Universidade de São Paulo, com duração de quatro anos (Andrade, 1973, p. 25).

Em 1970 foi criado o curso de relações públicas, hoje faculdade, da Pontifícia Universidade Católica de Campinas.

A FORMAÇÃO ACADÊMICA DO PROFISSIONAL DE RP[2] NO BRASIL

EXISTEM NO BRASIL CERCA de 70 cursos/faculdades de relações públicas, cujos currículos se assemelham.

---

2. As abreviaturas para o termo "relações públicas" são as seguintes: no Brasil, RP; nos países cuja língua oficial é o espanhol, RR.PP (*relacionista*); nos países cuja língua oficial é o inglês, PR (*public relations*). A pedra safira, na cor azul, é a representativa da profissão. O juramento é: "Juro, diante de Deus e da sociedade, fazer uso do meu trabalho, conduzir meus esforços profissionais de acordo com os princípios éticos norteadores da atividade de relações públicas, com responsabilidade e respeito humano e dedicar o meu trabalho para o desenvolvimento e o bem-estar do povo brasileiro e da humanidade".

AS DISCIPLINAS DO CURRÍCULO[3]

Embora haja uma orientação geral para compor os currículos das faculdades de relações públicas no Brasil, as peculiaridades de cada região são levadas em conta ao definir as disciplinas. O currículo a seguir é o vigente na Faculdade de Relações Públicas da PUC-Campinas no ano de 2011.

Primeiro semestre:
- Antropologia teológica A
- Prática de formação A
- Teoria e técnica de opinião pública
- Teoria da comunicação I
- Sociologia
- Metodologia do trabalho científico
- Filosofia

Segundo semestre:
- Antropologia teológica B
- Prática de formação B
- Opinião pública e relações públicas
- Economia
- Teoria da comunicação I
- Ciências políticas
- Antropologia cultural
- Psicologia aplicada à comunicação

Terceiro semestre:
- Prática de formação C
- Noções de direito nas organizações
- Fundamentos de administração
- Língua portuguesa aplicada a relações públicas I

---

3. Mais informações podem ser obtidas em Moura, 2002.

- Sociologia da comunicação
- Técnicas de relações públicas I
- Arte e comunicação
- Organização de eventos

Quarto semestre:
- Prática de formação D
- Técnicas de relações públicas I
- Língua portuguesa aplicada a relações públicas I
- Realidade brasileira
- Estatística aplicada a relações públicas
- Administração aplicada a relações públicas
- Relações públicas e responsabilidade social
- Relações públicas e defesa do consumidor

Quinto semestre:
- Antropologia teológica C
- Prática de formação E
- Pesquisa em comunicação I
- Ética e legislação em relações públicas
- Comunicação gráfica e audiovisual
- Comunicação escrita em relações públicas
- Marketing I

Sexto semestre:
- Consultoria em relações públicas I
- Prática de formação F
- Planejamento em relações públicas I
- Pesquisa em comunicação I
- Produção escrita em relações públicas
- Políticas de comunicação
- Fundamentos de publicidade e propaganda
- Marketing I
- Consultoria em relações públicas II

Sétimo semestre:
- Prática de formação G
- Pesquisa em relações públicas
- Tópicos especiais de relações públicas
- Relações públicas e sistemas de mídia
- Relações públicas internacionais
- Planejamento em relações públicas II
- Políticas públicas em relações públicas
- Negociação em relações públicas

Oitavo semestre:
- Prática de formação H
- Laboratório de comunicação gráfica e audiovisual
- Projeto experimental em relações públicas

AS ATIVIDADES DA PROFISSÃO[4]

ENTRE AS PRINCIPAIS ATIVIDADES da profissão de relações públicas estão:

- Prestar assessoria e consultoria.
- Gerenciar a comunicação interna e externa de forma integrada.
- Realizar pesquisas de opinião, de imagem, de clima e de perfil organizacionais.
- Fazer planejamento de programas e campanhas institucionais.
- Redigir correspondências, mensagens e discursos.
- Produzir boletim, jornal, *newsletter* e revista de empresa.
- Elaborar jornal mural e quadro de avisos.
- Produzir relatório público anual, relatório social e livro de empresa.

---
4. Veja mais sobre as atividades de relações públicas na Resolução Normativa n.º 43, de 24 de agosto de 2002.

- Criar folheto, *folder*, panfleto/*flyer*/volante institucionais.
- Redigir *press-release*, *teaser* de texto e *teaser* em fases institucionais.
- Produzir manual de integração para funcionários.
- Implantar caixa de sugestões física e eletrônica.
- Elaborar vídeo institucional.
- Produzir conteúdo e monitorar as mídias sociais.
- Supervisionar conteúdo do site.
- Estruturar programas de visitas.
- Organizar e dirigir cerimonial.
- Sistematizar concursos institucionais.
- Organizar todo tipo de evento empresarial.
- Fazer assessoria de imprensa.
- Organizar entrevistas/coletivas e contatos com a direção da empresa/organização.
- Fazer *media training*.
- Realizar assessoria de imagem.
- Fazer clipagem de notícias.
- Implantar/supervisionar/coordenar sistema de atendimento ao consumidor (SAC).
- Implantar/supervisionar/coordenar ações de responsabilidade social/ambiental.
- Criar estratégias para prevenção/administração de crises.
- Padronizar toda a papelaria da empresa/organização.
- Padronizar fachadas de identificação da empresa/organização.
- Fazer a memória da empresa/organização (guardar sua história para as futuras gerações).
- Avaliar, com técnicas de pesquisa e análise, os resultados dos trabalhos desenvolvidos.
- Representar a empresa/organização.
- Representar a diretoria/presidência da empresa/organização.
- Ser porta-voz da empresa/organização.
- Ser *ombudsman*/ouvidor.

Ressalte-se que o indivíduo formado em curso superior de relações públicas pode ser professor de disciplinas da área ou atuar como empreendedor, criando empresa própria de prestação de serviços terceirizados.

As atividades de relações públicas existem em todas as empresas/organizações, porém nem sempre são desenvolvidas por um profissional com formação específica na área. Profissionais que ocupam cargos com nomenclaturas diferentes de gerente/diretor/coordenador de relações públicas também as executam.

Sobre a relevância das relações públicas, Wey (1983, p. 24) afirma: "É preciso dar às relações públicas a imagem de uma atividade realmente importante no contexto da administração de empresas, no sentido de aumentar, concentrar e harmonizar esforços para se conseguir melhores resultados".

Cohen (1988, p. 216) assim se manifesta para mostrar o desconhecimento que as empresas têm da profissão:

> No entanto, eu acabei chegando à conclusão de que não é bem assim, em parte porque é impossível negar que o termo "relações públicas" está infelizmente deturpado por conceitos completamente alheios ao que são as verdadeiras relações públicas (Relações Públicas – Precisa-se, com nível colegial e condução própria). Este é um tipo de anúncio ainda muito comum em classificados, apesar da legislação que restringe o uso do termo a pessoas formadas por faculdades.

A denominação "relações públicas" vem sendo substituída, nas organizações, pelos seguintes termos: "gerente de comunicação", "coordenador de comunicação interna", "coordenador de serviços ao consumidor", "coordenador de relações com a comunidade", "diretor de relações governamentais", "gerente de relações institucionais", "coordenador de relações com meio ambiente", "coordenador de relações com o terceiro setor", "assessor de imprensa, analista de comunicação" etc.

Isso demonstra que o campo está aberto a profissionais das mais variadas formações, pois somente o cargo denominado "relações públicas" exige formação nessa área e é fiscalizado pelo Conselho Regional dos Profissionais de Relações Públicas (Conrerp). Porém, segundo a referida pesquisa, existe preferência, no momento do recrutamento e da seleção, por profissionais com formação em relações públicas para ocupar esses cargos com denominações diferentes.

As relações públicas exigem de quem for exercê-las:

- conhecimento de todas as técnicas de relações públicas;
- dinamismo;
- facilidade de relacionamento;
- cultura generalista;
- conhecimento das transformações mundiais e da organização onde for atuar;
- conhecimento de planejamento estratégico;
- pensamento globalizado e ação localizada;
- domínio de idiomas;
- habilidade em redação;
- conhecimento de estratégias de negócios;
- boa cultura geral;
- facilidade de rápida adaptação a mudanças.

É importante mencionar que esse é o perfil que o profissional deverá atingir durante os primeiros anos de sua carreira; portanto, não é um perfil exigido assim que se sai da universidade para o mercado de trabalho. Há um tempo para chegar a esse estágio de desenvolvimento pessoal e profissional; por isso as organizações em geral têm cargos de profissional júnior, *trainee*, auxiliar, estagiário etc.

ONDE O PROFISSIONAL DE RP PODE TRABALHAR

- Qualquer tipo de organização (empresas públicas, privadas, de economia mista e do terceiro setor).
- Em empresa própria, como empreendedor, prestando serviço terceirizado.
- Como professor das várias disciplinas em faculdades/cursos de relações públicas e em outros nos quais se lecionem as disciplinas da área.

OS PÚBLICOS COM OS QUAIS O PROFISSIONAL DE RP TRABALHA

ANTES DE TRATARMOS DOS públicos de relações públicas, esclareçamos que público é um agrupamento espontâneo que tem gerado algumas confusões com outros agrupamentos, como *multidão* e *massa*. Assim, teceremos comentários acerca desses agrupamentos antes de entrarmos nos públicos de relações públicas.

Público é

o agrupamento espontâneo de pessoas adultas e/ou grupos sociais organizados, com ou sem contiguidade física, com abundância de informações, analisando uma controvérsia com atitudes e opiniões múltiplas quanto à solução ou medidas a ser tomadas frente a ela; com ampla oportunidade de discussão e acompanhando ou participando de debate geral, através da interação pessoal ou dos veículos de comunicação, à procura de uma atitude comum, expressa em uma decisão ou opinião coletivas, que permitirá a ação conjugada. (Andrade, 1989, p. 40)

Portanto, para a formação do público fazem-se necessários: uma controvérsia; pessoas ou grupos organizados de pessoas; abundância de informações, oportunidade para discussão; predomínio da crítica e da reflexão; atividade comum para chegar a uma opinião coletiva. Desse modo, o indivíduo, em meio à multidão, não perde a faculdade crítica nem o autocontrole; está disposto a intensificar sua habilidade crítica e de discussão diante da controvérsia; age racionalmente emitindo opinião, mas disposto a fazer concessões e a compartilhar experiências alheias. Quanto à multidão, são inicialmente três os tipos, de acordo com Teobaldo de Andrade (1988, p. 10): a eventual, a convencional e a expressiva.

- Eventual ou casual: pode ser exemplificada por um grupo momentâneo de espectadores diante de um acontecimento em local público.

- Convencional: é caracterizada por uma duração limitada de atos convencionais; pode ser representada por um grupo de pessoas assistindo a um espetáculo em local e hora determinados.

- Expressiva ou dançante: configura-se quando as pessoas descarregam suas tensões emocionais em atos inofensivos, fazendo movimentos físicos que são representados pelo ritmo, como desfiles de escolas de samba.

Quando a multidão se manifesta por meio de intensa ação, tem-se a multidão ativa – forma que realmente caracteriza a multidão. É o momento em que o grupo de pessoas, levado pelo sentimento coletivo, chega até a cometer linchamento. A multidão ativa é um grupo espontâneo que apresenta contiguidade física, possui número limitado de pessoas e age por impulso, sendo inconstante, sugestionável e irresponsável.

O indivíduo, na multidão, perde a faculdade crítica e autocrítica, pois pela sugestão incorpora sua personalidade às dos outros membros. Em estado de excitação, sente-se tomado pela sensação de poder e invencibilidade. Só é possível controlar uma multidão quando se consegue evitar que sua atenção seja focada, coletivamente, em um só objetivo.

Já na massa o indivíduo não perde totalmente a faculdade crítica e o autocontrole. Ele continua consciente e age não reagindo a uma sugestão, mas por força do objetivo que conquistou sua atenção. Seus membros podem ser de todos os níveis sociais, de diferentes culturas e de poder aquisitivo variado.

Andrade (1993, p. 13) assim explica o conceito: "Quando várias pessoas, sem contiguidade física espacial, participam de um mesmo comportamento coletivo, frente a um evento excitante, escolhendo as mesmas soluções e agindo paralelamente, surge a massa".

Esclarecidos os agrupamentos espontâneos, vejamos a classificação dos públicos de relações públicas, pois existem posições diversas dos estudiosos do assunto. Há aqueles que preferem classificá-los em duas grandes categorias: interno e externo (Penteado, 1969, p. 55). Outros os dividem em três categorias: interno, externo e misto (D'Azevedo, 1971, p. 69).

As divergências são ainda maiores quando procuram determinar quem é interno, externo e misto.

CLASSIFICAÇÃO TRADICIONAL DE PÚBLICOS

Segundo a classificação tradicional, existem três tipos de público:

- Interno: formado por aqueles que atuam no âmbito da empresa. Exemplos: funcionários e, por extensão, seus familiares.
- Externo: formado por quem não atua no âmbito da empresa, mas tem algum tipo de ligação com ela. Exemplos: escolas, imprensa, comunidade, poder público, concorrentes.
- Misto: formado por aqueles que não atuam no âmbito da empresa, mas têm vínculos fortes com ela. Exemplos: revendedores, distribuidores, fornecedores, acionistas.

Simões (1995, p. 131) assim se manifesta quanto à classificação tradicional de públicos:

Tal distribuição tem sido satisfatória ou, pelo menos, ninguém a contestou na visão anterior de relações públicas, apesar de sua restrita utilidade para a elaboração de diagnósticos e prognósticos da dinâmica da relação. Serve para enquadrar os distanciamentos dos públicos quanto ao centro de poder da organização. Este ponto de vista, entretanto, não resiste à análise caso se considerem os deslocamentos constantes das fronteiras organizacionais e, também, das pessoas, através dos vários públicos a que pertencem. O reposicionamento teórico apresentado nesta tese não se contenta com essa classificação e seu critério. Considera-os insuficientes para caracterizar o tipo de relação público-organização. Os públicos precisam ser compreendidos sob outra ótica. É imprescindível identificá-los, analisá-los e referenciá--los quanto ao poder que possuem de influenciar os objetivos organizacionais, obstaculizando-os ou facilitando.

A proposta de Simões para públicos não invalida a de Andrade. A primeira tem uma ótica política; a segunda, uma ótica física. São classificações que muito contribuem para que as empresas/organizações mapeiem seus públicos. Entretanto, em tempos de globalização, avanço da informática e formas modernas de administrar – em que os mais variados tipos de terceirização apresentam públicos com características que não se enquadram nas já existentes –, é necessário se não reformular o que já existe, ao menos acrescentar novos matizes.

Organizações como bancos, hospitais, metalúrgicas e diversos outros ramos de atividade têm em seu espaço físico, em caráter permanente, cumprindo horários, funcionários de outras empresas que prestam serviços de limpeza, transporte, informática, contabilidade etc.

Que públicos são esses para a empresa que os recebe? E para as empresas que os enviam? Ambas, a que recebe e a que envia, têm responsabilidades para com esses funcionários, porém a classificação de públicos, do ponto de vista das relações públicas, será definida por essas empresas/organizações.

CLASSIFICAÇÃO MODERNA DE PÚBLICOS

Para Cesca (2006, p. 23) a classificação a seguir contempla esses novos públicos[5] que surgiram nas organizações.

Público interno vinculado	» Administração superior » Funcionários fixos » Funcionários com contratos temporários
Público interno desvinculado	» Funcionários de serviços terceirizados que atuam no espaço físico da organização
Público misto vinculado	» Vendedor externo não autônomo » Acionistas » Funcionários do transporte com vínculo empregatício » Funcionários que trabalham em casa de forma não autônoma » Funcionários que prestam serviços em outras organizações
Público misto desvinculado	» Fornecedores » Distribuidores » Revendedores » Vendedores externos autônomos » Funcionários que trabalham em casa de forma autônoma » Familiares de funcionários » Funcionários do transporte terceirizados
Público externo	» Comunidade » Consumidores » Escolas » Imprensa » Governo » Concorrentes » Bancos » Sindicatos » Terceiro setor

---

5. Veja também França, 2004.

Vejamos a seguir algumas características desses públicos:

Público interno vinculado	» Ocupa o espaço físico da organização » Tem vínculo empregatício com a organização
Público interno desvinculado	» Ocupa o espaço físico da organização » Não tem vínculo empregatício com a organização, mas esta tem responsabilidades para com esse público
Público misto vinculado	» Não ocupa o espaço físico da organização » Tem vínculo empregatício ou jurídico com a organização
Público misto desvinculado	» Não ocupa o espaço físico da organização » Não tem vínculo empregatício com a organização, mas se relaciona com ela, tendo direitos e deveres
Público externo	» Não ocupa o espaço físico da organização » Não tem qualquer vínculo formal com a organização, mas esta tem responsabilidades para com esse público e está sempre atenta à sua opinião

OS VEÍCULOS DE COMUNICAÇÃO E A ATIVIDADE DE RP

Os VEÍCULOS DE COMUNICAÇÃO podem ser classificados em massivos e dirigidos.

VEÍCULOS DE COMUNICAÇÃO DE MASSA

São aqueles capazes de levar rapidamente uma mensagem a um grande número de pessoas, atingindo diferentes públicos de forma indistinta e simultânea. Dividem-se em:

- Escritos impressos e eletrônicos: jornais e revistas.
- Orais: emissoras de rádio.
- Audiovisuais: emissoras de televisão.

VEÍCULOS DE COMUNICAÇÃO DIRIGIDA

No quadro "Classificação dos veículos de comunicação" (veja na página 43), é possível visualizar esses veículos segundo a classificação de Andrade (1993, p. 127) – escritos, orais, aproximativos e auxiliares –, acrescidos da atualização que fizemos.

Muitos veículos de comunicação dirigida sofreram modificações ou até mesmo caíram em desuso em decorrência dos novos tempos empresariais que vivemos. Assim é que flanelógrafo, quadro de giz, diapositivos, transparências, datilografia, entre outros, não mais são utilizados. As correspondências sofreram alterações de conteúdo, estética e modo de remessa aos públicos de interesse. Muitas das publicações impressas ganharam a forma eletrônica.

Veículos escritos impressos e eletrônicos

Com o crescimento das organizações – no que se refere ao espaço físico/geográfico e ao quadro de funcionários –, a comunicação dirigida escrita passou a ser mais utilizada, tendo sido também transformada em eletrônica por força da informatização, que a cada dia se torna mais ampla e aprimorada.

Esses veículos de comunicação, quando utilizados na forma eletrônica, atingem, pela intranet, o público interno; pela extranet, o público misto; e, pela internet, o público externo. Quando utilizados na forma impressa atingem, por correio e fax, os públicos misto e externo; e, por malote e *office-boy*, o público interno.

São veículos dessa forma de comunicação[6]:

- *Carta comercial*: quando bem elaborada, torna-se um eficiente veículo para a formação de opinião pública favorável. Para que seja bem elaborada, deve utilizar linguagem direta, estética moderna, não havendo "formas" de iniciar e de terminar seu conteúdo. Sua versão eletrônica requer apenas pequenos ajustes e não deve ser substituída por uma mensagem de *e-mail*.

---

6. Para mais informações, consulte Cesca, 2006.

- *Memorando*: é redigido de maneira informal e tem como característica ser dirigido somente ao público interno. Toda a comunicação administrativa interna do setor privado é basicamente feita por meio desse simples veículo. De todas as correspondências, é a que mais pode ser empregada eletronicamente. A sua simplicidade impressa é adaptada com facilidade na intranet, que poderá ser estendida para o público misto utilizando a extranet.
- *Ofício*: é quase exclusivamente utilizado no setor público, na comunicação entre chefias e com o público externo. No setor privado, só é usado quando dirigido ao setor público. O ofício está para o setor público como a carta comercial e o memorando estão para o setor privado.
- *Circular*: comunicação escrita de maneira genérica. Sempre que uma mesma informação tiver de ser passada a vários destinatários, faz-se uso da circular. Seu texto é informal e direto; dispensam-se, portanto, as formalidades. É reproduzida na quantidade necessária, por qualquer meio de reprodução ao dispor da organização emitente. O formato eletrônico é de fácil aplicação, visto que o nome do receptor não aparece no corpo da correspondência.
- *Requerimento*: veículo no qual o interessado, depois de se identificar e se qualificar, faz uma solicitação à autoridade competente. Só é usado quando dirigido ao setor público. Sua forma eletrônica é possível apenas se houver autorização formal e pública do setor público para remessa por internet.
- *Telegrama*: utilizado em pequena escala, o telegrama é um veículo que, ao contrário do que muitos acreditam, não está em desuso. Há situações para as quais ele é o mais adequado. Não há forma eletrônica de encaminhamento ao destinatário, mas poderá haver para o transmissor – no caso, os Correios.
- *E-mail* (correio eletrônico): todas as comunicações escritas impressas das organizações podem ser transformadas em eletrônicas e enviadas também por *e-mail*/correio eletrônico, na

forma de mensagens ou anexando documentos, imagens, sons, vídeos. Esse veículo deu origem a um tipo de mensagem que está convencionando-se chamar de *e-mail* ou correio eletrônico. A mensagem é escrita sem formalidades, respeitando as normas de redação organizacional, portanto sem inclusão de termos de cunho social (como "querido", "um beijo" etc.) ou excesso de abreviaturas. Seu conteúdo tem de ser enxuto, como o que vem ocorrendo com a correspondência escrita impressa há anos. Está substituindo grande parte das correspondências tradicionais usadas nas empresas/organizações.

- *Site*: apresenta a empresa a seus públicos de interesse. Nele podem-se inserir: livro de empresa, relatório público, relatório social, sala de imprensa, e SAC. É até mesmo possível abrir um *link* especial para o setor de relações públicas, em que constem: eventos institucionais, programa de visitas, concursos, galeria de fotos, canal aberto etc.

- *Fac-símile (fax)*: o fax, forma abreviada de fac-símile, é um veículo que, por ser pouco oneroso, ainda permanece, mas o *e-mail* e as outras comunicações transformadas em eletrônicas não lhe darão vida longa.

- *Barra de holerite*: fazer da barra do holerite um veículo de comunicação com o público interno é garantir que a mensagem seja realmente lida, pois nessa forma de comunicação tudo é observado com muita atenção. Trata-se, afinal, do comprovante de remuneração pelo serviço prestado. Cada vez mais as organizações estão ampliando o espaço para comunicação no holerite, pois já comprovaram o seu retorno. O emprego dessa forma de comunicação é ampla, embora sua circulação seja mensal e o holerite tenha de ceder espaço a outros setores da empresa, como o de recursos humanos. Para transformar as mensagens impressas da barra em mensagens eletrônicas, é necessário apenas que todos os funcionários tenham acesso a terminais informatizados. Isso limitará, contudo, o impacto e o interesse que o veículo holerite proporciona. E, evidentemente, não se chamará "barra de holerite", e sim "barra de mensagens", "fique atento", "conecte-se", "fique ligado" etc.

- Manual de integração: tem por finalidade integrar o funcionário ao ambiente de trabalho, mostrando-lhe seus direitos e deveres. Na forma eletrônica, estará disponível na intranet, visto ser destinado apenas aos funcionários.
- Quadro de avisos: eficiente veículo de comunicação interna; como o próprio nome indica, é um quadro com avisos. A posição estratégica e a apresentação física atraente garantem sua longa permanência como meio útil de comunicação. Poderá ser transformado em eletrônico, mas é necessário avaliar a conveniência.
- Jornal mural: como o próprio nome sugere, é um jornal no mural. Portanto, deve receber tratamento de jornal, isto é, incluir pauta. Não há como confundi-lo com o quadro de avisos, embora seja uma prática corrente nas organizações. O jornal mural permite à empresa manter com o público interno uma comunicação direta e rápida todos os dias, a um custo/benefício satisfatório. Sua transformação em eletrônico é simples, porém é necessário avaliar se o boletim ou o jornal não são mais adequados na forma eletrônica que o jornal mural.
- Cartaz/*banner*: o valor do cartaz/*banner* reside na atração visual que ele exerce sobre o público de interesse, tornando-se um veículo importante principalmente para complementar informações. O conteúdo de um cartaz/*banner* deve ser proporcional ao seu tamanho e acessível ao público destinatário. Muitas informações num espaço reduzido mais confundem do que esclarecem. O uso de tipologias claras, aliado a ilustrações e cores adequadas, pode transformá-lo num eficiente veículo de comunicação com o público interno. Poderá ser convertido para o formato eletrônico com muita facilidade, passando naturalmente por uma adaptação para exercer a mesma atração do convencional.

- *Caixa de sugestões*: consiste em uma caixa (forma e tamanho de acordo com a criatividade) e formulários para serem preenchidos. Quando utilizada com funcionários, incentiva o interesse em participar da vida organizacional. Muitas vezes, o modo de divulgação, o leiaute e a retribuição (algum tipo de premiação ao participante) tornam a caixa um veículo com crédito ou descrédito. Um leiaute inspirado no ramo de atividade da empresa é uma estratégia que atrai o público para o qual ela é dirigida. Antecedida de divulgação, de preferência como parte de um programa de relações públicas/comunicação, a caixa de sugestões é um forte veículo de comunicação dirigida, principalmente para o público interno, podendo também ser usada com o público externo e o misto da organização. Na forma eletrônica, poderá ser difundida por meio da internet/intranet/extranet, por secretária eletrônica (deixando gravadas as suas sugestões), ou ainda por outros equipamentos instalados no espaço físico desejado, nos quais os interessados digitam sua opinião.
- *Mala direta*: são folhetos, *folders*, panfletos, *flyers* etc. remetidos pela mala postal. Essas peças, quando entregues pessoalmente, não devem ser chamadas de mala direta, mas de *folder*, folheto etc. A vantagem da forma eletrônica sobre a impressa é o baixo custo de produção e remessa, embora a mala direta eletrônica sofra às vezes com o descrédito do *spam* (recebimento indesejado de mensagens).
- *Folheto, folder, panfleto/flyer/volante*: essas peças visam divulgar informações institucionais e comerciais. Quando enviadas por mala postal, são chamadas de mala direta. O formato impresso dessas comunicações escritas ainda permanecerá por muito tempo no mercado devido às dificuldades de alcançar eletronicamente todos os públicos de interesse. Porém, todas essas formas podem ser remetidas por meio eletrônico.
- *Teaser*: tipo de comunicação que pode ser feita na forma de texto ou de frases. É uma comunicação elaborada pela organização para ser enviada à imprensa, sem intenção de que seja

publicada. Tem por objetivo criar um clima de inquietação em quem recebe, no caso o jornalista ou chefe de redação. Na forma de frases pode ser utilizada para os vários públicos de interesse da organização. Seu formato eletrônico é adequado para o público interno e o misto.

- *Press-release* (comunicado de imprensa): noticioso preparado na organização que se destina aos órgãos de informação e tem por objetivo a informação pura e simples. Seu aproveitamento pela imprensa depende de seu valor como notícia. Sua forma eletrônica é simples e prática.

- *Boletim*: de todas as publicações da organização, o boletim é o mais simples, sendo largamente utilizado pela facilidade de produção e pela relação custo/benefício. Sua forma eletrônica pode ser divulgada pela intranet, extranet e internet.

- *Jornal de empresa*: também chamado de *house-organ*, jornal interno e periódico, constitui uma das publicações mais expressivas da organização. Além de transmitir informações sobre a empresa, o jornal integra e valoriza o público interno, fazendo que ele se sinta parte dela, à medida que é aberto à participação. Na forma eletrônica, a produção é simples e muito bem-aceita pelo receptor.

- *Revista de empresa*: publicação editada pela organização com o objetivo de divulgar suas atividades. Entre os veículos organizacionais, é o mais sofisticado. Tem mais páginas, visual atraente e possibilita a veiculação de matérias amplas. Como o boletim e o jornal, a revista precisa manter a periodicidade, pois sem esta não se fixa imagem e, consequentemente, não se forma conceito. No caso da revista, veículo sofisticado, a periodicidade é mais ampla, podendo ser mensal, bimestral ou trimestral. Sua forma eletrônica é bem-aceita pelos públicos destinatários e costuma ser divulgada pela internet (site) e/ou intranet e extranet da empresa.

- *Newsletter* (carta informativa): é uma publicação mais sofisticada direcionada a determinado público de interesse. Semelhante ao boletim, diferencia-se deste pelo conteúdo e pelo público ao qual se destina. Sua forma eletrônica é de fácil aplicação, dadas as características de seu destinatário.

- *Relatório público anual (financeiro)*: deixou de ser apenas balancete para se transformar em verdadeiro trabalho de arte, em decorrência de as organizações reconhecerem que a finalidade do relatório não é apenas cumprir um dispositivo legal, mas também transmitir um panorama da organização. É por esse veículo que a empresa presta contas de suas atividades aos públicos de interesse. Pode ser distribuído eletronicamente em CD-ROM e/ou colocado no site da organização, mantendo a estrutura do impresso.
- *Relatório social*: as organizações utilizam esse veículo de comunicação dirigida com o propósito de apresentar a seus públicos de interesse as ações de responsabilidade social/ambiental por elas desenvolvidas. A simplicidade ou sofisticação do veículo dependerá do investimento que a empresa deseja despender na sua elaboração. Na forma eletrônica, poderá ser disponibilizado por meio do site e de CD-ROM.
- *Livro de empresa*: veículo produzido anual ou esporadicamente em momentos especiais na vida da organização. Pode ser temático ou apenas comemorativo de jubileus. A forma eletrônica pode ser disponibilizada em CD-ROM e distribuída ao público de interesse ou colocada no site para, se for o caso, ser impressa.
- *Mídias sociais*: as mídias/redes sociais evidenciaram a importância dos comunicadores nas empresas/organizações, especialmente no caso dos relações-públicas. Novos cargos foram criados nas empresas: assessor/gestor/estrategista de mídias/redes sociais. Tem-se nas relações públicas a profissão mais adequada para o monitoramento dessas mídias. Estas devem ser acompanhadas para se saber o que dizem da organização, para neutralizar propaganda negativa sobre a empresa com ações rápidas, para divulgar a orga-

nização por meio dos seus produtos/serviços, para realizar ações proativas etc.

Vejamos como podem ser utilizadas algumas das principais mídias sociais da atualidade:

- Twitter: para indicar ações da empresa, remeter o seguidor a determinado endereço, criar ações proativas etc.
- Facebook: para criar relacionamentos com diversos públicos e criar grupo secreto com públicos específicos (funcionários, revendedores, distribuidores etc.).
- YouTube: para postar vídeos diversos, como eventos (inaugurações, lançamentos, ações de responsabilidade social/ambiental).

Se a empresa tiver um gestor dessas mídias, ele repassará informações aos setores diretamente interessados, como jurídico, SAC, marketing, relações públicas. Caso contrário, cada setor monitora as mídias sociais visando a seus interesses.

A mensuração dos resultados é um trabalho difícil de realizar com grande acerto, mas já há plataformas com abordagens científicas para esse aferimento, como a Evidence-Based Communications.

Veículos orais

São veículos orais: conversa, discurso, entrevista, telefone fixo, telefone móvel, rádio comunicador, alto-falante, intercomunicador, microfone.

Veículos aproximativos

Estão entre os principais veículos aproximativos: sala de descanso, salão de beleza, sala de ginástica laboral, academia, praça de esportes, auditório, biblioteca, museu, clube, ambulatório, programa de visitas, inauguração, datas cívicas, comemoração, concurso, feira, exposição, mostra, reunião, convenção, palestra, discurso, colóquio, seminário, fórum, painel, simpósio, mesa-redonda, conferência, assembleia, *brainstorming*, entrevista coletiva, jornada, *workshop*, oficina, ações de responsabilidade social.

Veículos auxiliares

- *Visuais*: álbum seriado, gráfico, marca, modelo em escala, bandeira, foto, mapa, pintura, sinalização, cartaz, gravura, logo, mural, quadro de caneta, organograma, maquete etc.
- *Auditivos*: alarme, apito, CD, fita magnética, rádio, sirene, teipe, sino etc.
- *Audiovisuais*: DVD, Datashow, CD-ROM, sites, mídias sociais, filme sonorizado etc.

O quadro da página 43 resume o que dissemos neste tópico.

AS MUDANÇAS NA COMUNICAÇÃO TRADICIONAL

VEJAMOS A SEGUIR AS principais mudanças ocorridas, na última década, nas formas tradicionais de comunicação:

- *Carta comercial*: dependendo do público a que se destina, pode ser substituída pelo *e-mail*; anexada a um *e-mail*; ou enviada no próprio corpo dele.
- *Memorando*: por ser um veículo destinado apenas ao público interno, pode ser substituído pelo *e-mail* e pelo grupo secreto do Facebook.
- *Ofício*: por ser uma comunicação entre autoridades, diretorias etc., só é possível enviá-lo na forma eletrônica colocando o texto no espaço do *e-mail* (ou anexado a ele), mas não transformá-lo em *e-mail*.
- *Circular*: por ser uma comunicação genérica, destinada a várias pessoas, pode ser substituída por *e-mail* marketing e grupo secreto do Facebook.

Classificação dos veículos de comunicação

ESCRITOS	» **Impressos**	Carta comercial, memorando, ofício, circular, requerimento, telegrama, barra de holerite, manual de integração, quadro de avisos, jornal mural, cartaz, *banner*, caixa de sugestões, mala direta, *folder*, folheto, panfleto, *flyer*, volante, *newsletter*, *press-release*, *teaser*, boletim, jornal de empresa, revista de empresa, *newsletter*, relatório público, relatório social, livro de empresa.
	» **Eletrônicos**	E-mail, site, mídias sociais. Todos os impressos mencionados acima podem ser transformados em eletrônicos.
ORAIS		Conversa, discurso, entrevista, telefone fixo, telefone móvel, rádio comunicador, alto-falante, intercomunicador, microfone.
APROXIMATIVOS		Sala de descanso, salão de beleza, sala de ginástica laboral, academia, praça de esportes, auditório, biblioteca, museu, clube, ambulatório, programa de visitas, inauguração, datas cívicas, comemoração, concurso, feira, exposição, mostra, reunião, convenção, palestra, discurso, colóquio, seminário, fórum, painel, simpósio, mesa-redonda, conferência, assembleia, *brainstorming*, entrevista coletiva, jornada, *workshop*, oficina, ações de responsabilidade social.
AUXILIARES	» **Visuais**	Álbum seriado, gráfico, marca, modelo em escala, bandeira, foto, mapa, pintura, sinalização, cartaz, gravura, logo, mural, quadro de caneta, organograma, maquete etc.
	» **Auditivos**	Alarme, apito, CD, fita magnética, rádio, sirene, teipe, sino etc.
	» **Audiovisuais**	Filme sonorizado, DVD, Datashow, CD-ROM etc.

- *Requerimento*: não há como substituí-lo, mas é possível ter acesso ao formulário nos sites, em vez de utilizar a forma impressa.
- *Telegrama*: para as relações sociais está sendo substituído por *e-mail*, Facebook e outras mídias sociais. Para caráter urgente, confidencialidade, comprovação e valor jurídico, é insubstituível.
- *Barra de holerite*: o texto da barra desse veículo pode ser substituído por *e-mail*, *e-mail* marketing e grupo secreto do Facebook. Mas o caráter "interesse total" só o holerite tem.

A PESQUISA: A IMPORTÂNCIA DE OUVIR OS PÚBLICOS DAS EMPRESAS/ORGANIZAÇÕES

A PESQUISA[7] TEM COMO FINALIDADE fazer o levantamento de dados e informações de interesse de uma empresa/organização, podendo ser: *qualitativa*, quando os dados obtidos são analisados minuciosamente, indo muito além da identificação numérica e percentual de opiniões do público entrevistado; ou *quantitativa*, que visa apenas obter dados numéricos e percentual de opiniões do público entrevistado.

PESQUISA DE OPINIÃO

Consiste no levantamento de informações e na identificação de opiniões a fim de obter, por tabulação e cruzamento de dados, uma análise quantitativa que indique a natureza de uma organização. Esse resultado oferece elementos percentuais que orientam a tomada de decisão pela área de relações públicas.

---

7. Conforme Resolução Normativa n.º 43, de 24 de agosto de 2002.

AUDITORIA DE OPINIÃO

Técnica específica de relações públicas que levanta informações buscando a manifestação de opiniões dos entrevistados de maneira informal e espontânea. Processo de comunicação e interação voltado para o levantamento de informações e identificação de opiniões, percepções e expectativas, a fim de obter, pela análise e interpretação das informações, o resultado qualitativo que determina o perfil organizacional. Essa análise oferece um diagnóstico preciso e o embasamento correto para o planejamento estratégico de comunicação.

A auditoria de opinião com fins institucionais apresenta as seguintes variações:

- Auditoria ou pesquisa de imagem: técnica que objetiva exclusivamente a identificação da imagem mediante o conceito que o entrevistado tem da organização.
- Auditoria ou pesquisa de clima organizacional: técnica que objetiva identificar os níveis de satisfação e insatisfação do indivíduo e do grupo e determina o tipo de harmonia ou conflito existente na organização ou em parte dela.
- Auditoria ou pesquisa de perfil organizacional: técnica que objetiva identificar as características institucionais, administrativas, políticas e de procedimentos que, consolidadas, permitem formular a definição sobre a organização.

AS FASES DO PROJETO DE PESQUISA

SÃO CINCO AS FASES do projeto de pesquisa:

1 Objetivo geral – de modo amplo, o que se pretende com essa pesquisa.
2 Objetivos específicos – que detalhes deverão ser colhidos na pesquisa.

3 Metodologia – a forma como os dados serão coletados.
4 Amostragem – a porcentagem de pessoas ouvidas.
5 Apresentação dos resultados – o questionário que será aplicado aos entrevistados.

MODELO DE PROJETO DE PESQUISA INSTITUCIONAL PARA FUNCIONÁRIOS

OBJETIVO GERAL
- Conhecer o que pensa o funcionário acerca dos múltiplos aspectos da empresa.

OBJETIVOS ESPECÍFICOS
- Levantar o perfil dos funcionários.
- Identificar seu grau de satisfação com a empresa.
- Saber se estão satisfeitos com os benefícios oferecidos.
- Verificar o que pensam de seu desenvolvimento profissional.
- Conhecer sua opinião sobre a relação com os colegas.
- Identificar os líderes.
- Saber o que pensam sobre as ações de responsabilidade social realizadas pela empresa.
- Inteirar-se de seu interesse pelos veículos de comunicação existentes na empresa.
- Conhecer seus outros interesses como público interno.

METODOLOGIA

Será aplicado um questionário com perguntas abertas e fechadas do tipo dicotômico, de múltipla escolha e em escalas (ótimo, bom, regular etc.).

AMOSTRAGEM

Nas empresas de pequeno porte, será composta por todos os funcionários. No caso das organizações de médio e grande porte, uma amostragem atende aos objetivos a ser alcançados.

APRESENTAÇÃO DOS RESULTADOS

Devem, preferencialmente, ser apresentados na forma de tabelas e gráficos, após a análise dos dados colhidos na pesquisa.

2 Como fazer um projeto global de relações públicas

PARA REALIZAR UM PROJETO de relações públicas em caráter experimental, como trabalho de conclusão de curso superior de relações públicas, é necessário discorrer sobre aspectos teóricos indispensáveis para os projetos executados para o mercado de trabalho, isto é, os projetos profissionais. Quando se atua em uma empresa/organização como relações--públicas, muitas informações já são do conhecimento do setor e dispensam ser citadas; o dia a dia é dinâmico e é comum dizer que "tempo é dinheiro", por isso os projetos são mais objetivos, resumidos e enxutos.

PROJETOS ACADÊMICOS

SÃO DESENVOLVIDOS COMO TRABALHO de conclusão de curso (TCC) em todas as faculdades/cursos de relações públicas no Brasil, com as adaptações que se fizerem necessárias. Requerem o desenvolvimento de etapas, como as que seguem:

- Introdução.
- Fundamentação teórica.
- *Briefing*.
- Análise do ambiente externo.
- Mapeamento dos públicos.
- Pesquisa.

- Auditoria.
- Diagnóstico.
- Análise SWOT.
- Proposta para implantação da área de RP ou para a prestação de serviços terceirizados.
- Programas a ser implantados.
- Cronograma geral.
- Orçamento geral.
- Referências bibliográficas.
- Anexos.

MODELO DE PROJETO ACADÊMICO

Introdução

Consiste na apresentação da "assessoria" criada por uma equipe de alunos concluintes de faculdade de relações públicas e sua proposta à empresa para a qual fará o projeto de relações públicas.

Fundamentação teórica

Com base em bibliografia existente faz-se uma justificativa que tenha relação com o ramo de atividade da empresa e reflita sobre a importância das relações públicas para esse tipo de organização.

Briefing

É composto por:

- Dados cadastrais: razão social; nome fantasia; CNPJ; inscrição estadual; endereço; telefone; fax; *e-mail*; site.
- Histórico: faz-se um resumo da história da empresa, desde a sua criação.
- Logomarca: explicam-se o seu significado, suas cores etc.
- Estrutura organizacional: ramo de atividade; número de funcionários; grau de escolaridade; funções; número de funcio-

nários com necessidades especiais; horário de funcionamento; benefícios; recrutamento e seleção; treinamento.
- Organograma e fluxograma: gráfico demonstrativo.
- Públicos: classificar de acordo com sua locação e vínculo empregatício.
- Padronização: mesmo visual para papelaria, fachadas etc.
- Localização: endereços de todas as extensões físicas da empresa.
- Área de atuação: ramo de atividade da empresa.
- Missão e visão: objetivos e metas da empresa de forma global.
- Veículos de comunicação: quais deles a empresa implementa com os seus vários públicos.
- Eventos: quais deles a empresa realiza.
- Responsabilidade social: que ações a empresa executa.
- Imagem da empresa: como está a imagem da empresa perante seus públicos.
- Patrocínios, parcerias, permutas: em que situações a empresa os realiza.
- Políticas públicas: de quais delas a empresa participa.

Análise do ambiente externo

No momento da proposta do projeto, são feitas considerações sobre o ambiente político-legal, econômico, sociocultural, demográfico, tecnológico e natural.

Mapeamento dos públicos

É necessário que se faça a classificação dos públicos para, assim, definir os programas e as estratégias a eles direcionados.

Pesquisa

- *Benchmarking*: método pelo qual se comparam alguns aspectos de uma empresa com os de outras do mesmo ramo de atividade. O objetivo é detectar os pontos fortes e os que precisam ser melhorados pela empresa para a qual se faz o projeto.

Aspectos	Empresa A	Empresa B	Empresa C	Empresa D
Fundação				
Endereço				
Site				
Filiais				
Atendimento				
SAC				

Empresa A: aquela para a qual se desenvolve o projeto. O item "Aspectos" deve ser ampliado conforme a necessidade.

- *Pesquisa institucional*: é aplicada com o objetivo de conhecer a organização. Os públicos para os quais é dirigida devem ser determinados depois de análise criteriosa, pois os resultados definirão os programas que serão executados para melhorar aspectos considerados problemáticos.
- *Pesquisa de opinião*: visa aferir a opinião de determinado público sobre a organização para a qual se desenvolve o projeto, a fim de proporcionar um diagnóstico seguro.
- *Quadro comparativo*: objetiva estabelecer um paralelo entre os públicos pesquisados.

Aspectos	Funcionários	Clientes	Comunidade	Fornecedores
Imagem/conceito				
Ações de responsabilidade social				
Veículos de comunicação				
Atendimento ao consumidor				
Produtos/serviços				
Poluição sonora				
Poluição ambiental				

O item "Aspectos" deve ser ampliado conforme a necessidade.

Auditoria

É a análise qualitativa dos dados colhidos por meio das pesquisas, obtendo-se assim auditoria de opinião, auditoria de cultura e auditoria de comunicação.

Diagnóstico

Pelo diagnóstico chega-se ao levantamento dos pontos fortes/ pontos a ser melhorados e ameaças/oportunidades, tendo por base todas as informações obtidas pelas mais variadas formas de pesquisa. Nesse ponto faz-se a proposta de programas de relações públicas à empresa cliente.

Análise SWOT[8]

Com base na indicação, feita pela pesquisa, dos pontos fortes e dos pontos a ser melhorados, traça-se a matriz SWOT, que indica as oportunidades e ameaças, e se sugerem ações estratégicas.

Proposta para a implantação da área de RP ou para a prestação de serviços terceirizados

Em um trabalho acadêmico propõe-se também a implantação da área/setor de relações públicas ao cliente, fornecendo-lhe inclusive a reformulação do organograma da empresa com a inclusão desse setor, bem como um orçamento previsto para tal. Outra opção é o oferecimento dos serviços de forma terceirizada a um *fee*[9] mensal, por meio do estabelecimento de contrato.

Programas a ser implantados

Em decorrência do diagnóstico feito, a assessoria propõe a implantação de programas de relações públicas à empresa cliente.

---

[8]. A sigla vem do inglês: Forças (*Strengths*), Fraquezas (*Weaknesses*), Oportunidades (*Opportunities*) e Ameaças (*Threats*).
[9]. Denominação usada para a cobrança de prestação de serviços.

Programa I – Comunicação interna
Estratégias: definir

Programa II – Responsabilidade social
Estratégias: definir

Programa III – Comunicação com os clientes
Estratégias: definir

Para cada um desses programas é feito um projeto específico e apresentadas suas estratégias em detalhe. Caso as estratégias sejam implantadas em tempos diferentes, um projeto individualizado deve ser desenvolvido para cada uma delas (veja modelos de algumas nas próximas páginas).

Cronograma geral
Estabelecem-se datas para a implantação das estratégias dos programas de acordo com as necessidades e a disponibilidade de verbas.

Programa I Estratégias	Ano: 2000											
	Jan.	Fev.	Mar.	Abr.	Maio	Jun.	Jul.	Ago.	Set.	Out.	Nov.	Dez.
Mural físico	x	x	x	x	x	x	x	x	x	x	x	x
Boletim interno		x	x	x	x	x	x	x	x	x	x	x
Jubileu da empresa							x	x	x			
Manual do funcionário			x	x								
Confraternização dos funcionários												x

Programa I Estratégias	Ano: 2000											
	Jan.	Fev.	Mar.	Abr.	Maio	Jun.	Jul.	Ago.	Set.	Out.	Nov.	Dez.
Lançamento da pedra filial											X	
Mostra do jubileu												X

Nota: Fazer os cronogramas do Programa II da mesma forma.

Orçamento geral

De início, fazem-se o orçamento de cada um dos programas e, por fim, o fechamento de todos, fornecendo-se assim o orçamento geral à empresa cliente.

Programa I – Comunicação interna	R$ _____
Programa II – Responsabilidade social	R$ _____
Programa III – Comunicação com os clientes	R$ _____
TOTAL GERAL	R$ _____

Referências bibliográficas

Relacionam-se todas as fontes pesquisadas cumprindo as normas da Associação Brasileira de Normas Técnicas (ABNT).

Anexos

Colocam-se todos devidamente numerados, indicando em que páginas internas eles foram mencionados.

EXEMPLOS

Apresentamos a seguir as estratégias dos programas de relações públicas sugeridos a empresas clientes, depois de diagnosticadas as respectivas prioridades.

PARA ESCOLAS[10]

PROGRAMA I "COMUNICAÇÃO INSTITUCIONAL"
Estratégias:
- Colégio Santa Helena de Portas Abertas: produção de um vídeo institucional.
- Colégio Santa Helena – Competência e Tradição: elaboração e veiculação de uma propaganda institucional.
- Somando Esforços: parceria com uma imobiliária da cidade que aloca residências para estrangeiros, visando atrair novos alunos.
- Fixando Imagem: produção de um manual de padronização da comunicação interna escrita impressa e eletrônica.

PROGRAMA II "REPENSANDO A COMUNICAÇÃO INTERNA"
Estratégias:
- Seu Santa Helena: produção do manual do funcionário.
- Santa Helena Informa: criação de um boletim/jornal para os alunos.
- Quadro a Quadro: reestruturação do quadro de avisos do colégio.
- Comemorando com o Santa Helena: realização de eventos para os funcionários.

PROGRAMA III "RESPONSABILIDADE SOCIAL"
Estratégias:
- Ajudando a Crescer: complementação escolar para funcionários de baixa escolaridade.

---

10. O projeto completo encontra-se na biblioteca da PUC-Campinas. Foi orientado pela autora e desenvolvido por Alessandra Ferreira Penido, Cibele de Oliveira, Karina Santos Cardoso, Marcelo Luís Olivatto e Marie Tannit Hedetoft-Fraire.

- Criando Oportunidades: adoção de alunos carentes pelos pais dos alunos.
- Ecologia no Dia a Dia: criação de parceria com cooperativas da cidade.
- Relatando o Social: produção de um relatório social com todas as ações socialmente responsáveis empreendidas pelo colégio.

PARA EMPRESAS DE TRANSPORTE COLETIVO[11]

PROGRAMA I **"ACELERANDO A COMUNICAÇÃO INTERNA"**
Estratégias:
- Realização de *workshop* de integração.
- Reformulação do mural físico.
- Criação de boletim informativo impresso e eletrônico.
- Utilização da barra de holerite.
- Oferecimento de cursos de informática e línguas.
- Realização de confraternizações.
- Criação do "Cartão Quilometragem" para funcionários.
- Implantação do manual do funcionário.
- Comemoração do jubileu da empresa com os funcionários.

PROGRAMA II **"PEGANDO CARONA COM A EMPRESA XY"**: fidelizar usuários e conquistar novos clientes.
Estratégias:
- Realização de concurso para escolha do animal a ser adotado pela empresa.

---

[11]. O projeto completo encontra-se na biblioteca da PUC-Campinas. Foi orientado pela autora e desenvolvido por Fábio Prado Chaib Jorge, Mariana Galbe Medeiros, Marília de Andrade Caproni, Marília Moro Zanetti e Nara Brito Gama.

- Criação da carteirinha do usuário.
- Produção do relatório financeiro e social.
- Elaboração de vídeo, para os usuários, sobre ações ambientais realizadas pela empresa.
- Implantação, para os usuários, da "Rádio Empresa XY".
- Produção de revista institucional semestral.
- Revitalização do site, incluindo a compra de passagens.
- Parceria com jornal da cidade para distribuição aos usuários.
- Criação de livro comemorativo de jubileu de diamante da empresa.
- Exposição de fotos comemorativas no terminal rodoviário.
- Produção de *spot* para veiculação local e regional em virtude do jubileu da empresa.

PROGRAMA III "DIRIGINDO RESPONSABILIDADE SOCIAL"
Estratégias:
- Oferecimento de transporte gratuito a escolas públicas e instituições de caridade em situações predeterminadas.
- Aumento na cota de viagens gratuitas para idosos e criação da "Carteirinha Melhor Idade".
- Conscientização da comunidade sobre a importância dos 3Rs (reduzir, reutilizar e reciclar).
- Implantação de lixeiras recicláveis nos ônibus, nas dependências da empresa e em bairros próximos.
- Parceria com o "Bosque dos Jequitibás" para adoção de um animal.
- Investimento da verba de recicláveis em entidades carentes da cidade.
- Criação de condições para a reutilização de pneus.
- Proposta para o reaproveitamento da água utilizada.
- Produção de um vídeo explicativo sobre reciclagem.

PROPOSTA DE PROGRAMAS DE RESPONSABILIDADE SOCIAL

A diversificação de atividades das empresas às quais foram propostos estes projetos mostra como, no quesito responsabilidade social, todas podem dar a sua contribuição.

CLIENTE 1
Ramo: estética e beleza
Funcionários: 75
Programa de responsabilidade social proposto: "Salão Solidário"

Estratégias para implantação do programa proposto:
- "Aplicando Conhecimento": aulas e cursos gratuitos em instituição de apoio a mulheres carentes, visando contribuir para que ganhem o próprio sustento.
- "Tesoura do Bem": serviços gratuitos de corte, manicure e podologia para o Lar das Senhoras Idosas. Idoso não precisa só de cobertores e remédios.
- "Salão da Solidariedade": arrecadação interna de doações em datas especiais.
- "Pintando a Ecologia": adoção de uma tartaruga do Projeto Tamar. A preservação da espécie é outra forma de cultivar a beleza ecológica.

CLIENTE 2
Ramo: laboratório de análises clínicas
Funcionários: 374 em três unidades
Programa de responsabilidade social proposto: "Fazendo a Diferença"

Estratégias para implantação do programa proposto:
- "Barra Solidária": campanha de conscientização para doação de sangue, veiculada na barra de holerite e na barra das contas de água e energia elétrica, visando ampliar a divulgação e conscientizar os funcionários e a comunidade.

- "Participando da Vida": estande para divulgação de campanha para doação de sangue instalado em empresas de grande porte, visando também diminuir o preconceito e as dúvidas sobre o assunto.
- "Uma Lição de Vida": palestras em escolas de ensino fundamental, médio e superior acerca da importância da doação de sangue e da prevenção de doenças sexualmente transmissíveis.
- "Dia do Doador Feliz": realização de evento em *fast-food* para promover o hemocentro, divulgar a importância da doação de sangue e arrecadar verbas.

CLIENTE 3
Ramo: mercado de cestas básicas
Funcionários: 250
Programa de responsabilidade social proposto: "Fazendo a Nossa Parte"

Estratégias para implantação do programa proposto:
- Concurso com escolas da periferia: elaboração de redação, com premiação de três meses de doação de alimentos para complemento da merenda escolar.
- Doação de cestas para instituições do terceiro setor, em datas comemorativas.
- Adoção de um animal do Bosque, visando colaborar com a preservação dessa área de lazer centenária que passa por dificuldades, realizando assim uma ação socioambiental.

CLIENTE 4
Ramo: desenvolvimento de projetos, prestação de serviço e venda de forjamento de peças a quente e frio
Funcionários: 16
Programa de responsabilidade social proposto: "FAV Cidadão"

Estratégias para implantação do programa proposto:

- Apoio a escolas da periferia, disponibilizando seus serviços especializados para conserto e manutenção do mobiliário.
- Iniciação de aprendizado em parceria com o Senac: oferecimento de estágio remunerado a alunos do Senac, visando colaborar para a complementação da sua formação.

PROJETOS PROFISSIONAIS

PARA EMPRESAS QUE TÊM SETOR DE RP

Estas dispensam a parte teórica, até porque essas informações – constantes da parte teórica que acompanha os projetos acadêmicos – já são do conhecimento do setor de relações públicas das organizações, tornando, assim, os projetos profissionais mais objetivos e práticos, como veremos a seguir.

O projeto obedece às seguintes fases:

- Introdução: discorre-se sobre a importância da realização do projeto.
- Levantamentos internos para indicação das prioridades: determina-se o tipo de pesquisa que será realizado e a quem será aplicado.
- Aspectos satisfatórios e insatisfatórios apontados nos levantamentos feitos: destacam-se esses aspectos na tabulação da pesquisa.
- Programas e suas estratégias: definem-se aqueles que serão implantados em consequência dos levantamentos feitos.
- Acompanhamento e controle: determinam-se os critérios para essa fase.
- Avaliação: afere-se o resultado alcançado por meio de instrumentos adequados.

PARA EMPRESAS QUE CONTRATAM SERVIÇOS EXTERNOS DE RP

Nesses casos, as empresas contratam serviços terceirizados de escritórios/agências/empresas de relações públicas. A distância existente entre a empresa de relações públicas terceirizada e a organização/empresa que a contrata para o desenvolvimento de um projeto exige mais elementos informativos, tais como:

- *Briefing*: para conhecer a empresa como um todo.
- Pesquisa institucional: para inteirar-se dos aspectos afeitos a relações públicas.
- Diagnóstico: para detectar os pontos satisfatórios e insatisfatórios.
- Programas: para atuar sobre os pontos detectados como insatisfatórios. Nesse caso, fazem-se projetos individualizados para cada uma das estratégias desses programas, com as seguintes fases: objetivos (geral e específicos); público de interesse; estratégias; recursos humanos, materiais e físicos; implantação; fatores condicionantes; acompanhamento/controle; avaliação.
- Acompanhamento e controle: para administrar todos os programas propostos.
- Avaliação: para conhecer os resultados obtidos nos programas propostos e elaborar relatório final do projeto global de relações públicas para a empresa que contratou os serviços.

COMO FAZER PROJETOS INDIVIDUALIZADOS

As estratégias dos programas de cada projeto global de relações públicas são executadas em tempos diferentes, conforme cronograma estabelecido. Para isso é recomendável elaborar projetos individualizados para cada uma dessas estratégias. Por outro lado, nem sempre o profissional terá de fazer um projeto global. Às vezes as pesquisas indicam a necessidade de ações pontuais. Assim, devem-se fazer projetos somente para essas situações.

PARA PROGRAMA DE VISITAS NA EMPRESA

Projeto: Programa de visitas
Data: de 20 a 30 de janeiro de 20....
Hora: das 14h às 16h
Local: empresa matriz

OBJETIVO GERAL
- Fortalecer o conceito da organização perante o público interno.

OBJETIVOS ESPECÍFICOS
- Integrar a família do funcionário à organização.
- Promover uma aproximação entre os familiares dos funcionários.

PÚBLICO DE INTERESSE
- Público interno (filhos de funcionários com idade entre 6 e 12 anos).

ESTRATÉGIAS
- Divulgação do evento.
- Apresentação de audiovisual institucional da organização.
- Oferecimento de transporte.
- Apresentação de peça teatral.
- Oferecimento de lanche.
- Distribuição de brindes e *folders*.
- Registro do evento em foto/filmagem.

RECURSOS HUMANOS
- 2 recepcionistas.
- 3 guias.
- 1 motorista.
- 1 grupo de teatro.
- 2 copeiras.
- 1 profissional de vídeo/áudio/fotografia.
- 1 marceneiro.

RECURSOS MATERIAIS
- Material para divulgação.
- Material para construção do palco.
- Equipamentos de audiovisual.
- Equipamentos para foto e filmagem.
- 35 lanches.
- 35 *folders*.
- 35 brindes.
- 35 crachás.
- 35 roteiros.
- Formulários para inscrição.

RECURSOS FÍSICOS
- Auditório.
- Refeitório.

IMPLANTAÇÃO

Após a aprovação do projeto, será feito um levantamento dos filhos dos funcionários com idade entre 6 e 12 anos, com o objetivo de divulgar, por intermédio de seus pais, todos os detalhes do evento. Os grupos serão recebidos duas vezes por semana em número de 30, devendo confirmar presença por meio de formulário a ser entregue no setor de relações públicas ou preenchido no site. Em seguida serão tomadas todas as providências com relação aos recursos humanos, materiais e físicos. O evento obedecerá ao roteiro a seguir:

- 13h: o ônibus recolherá as crianças em pontos previamente determinados.
- 14h: chegada à organização.
- 14h10: entrega de crachás e roteiro da visita.
- 14h30: encaminhamento para o auditório, onde assistirão ao audiovisual institucional da organização.
- 15h: visita aos setores da organização, divididos em grupos.
- 16h: oferecimento de lanche.
- 16h30: apresentação de peça teatral com tema ligado ao ramo de atividade da organização.
- 17h: encerramento da visita com distribuição de brindes e agradecimentos.
- 17h15: os visitantes serão encaminhados ao ônibus, que os deixará em pontos estratégicos próximos de suas residências.

FATORES CONDICIONANTES
- Aprovação do projeto.
- Interesse do público.
- Condições climáticas favoráveis.

ACOMPANHAMENTO E CONTROLE
Assumidos pelos organizadores com a colaboração dos guias, que utilizarão a observação, as anotações e o cronograma de trabalho.

AVALIAÇÃO
Será feita pelos organizadores com base em dados obtidos no acompanhamento e no controle, com elaboração de relatório para a diretoria da organização.

ORÇAMENTO

Recursos materiais (preencher conforme os recursos materiais necessários)

Quantidade	Espécie	Valor unitário	Valor total

Recursos humanos (preencher conforme os recursos humanos necessários)

Quantidade	Discriminação	Valor-hora	Valor total

Recursos físicos (preencher conforme os recursos físicos necessários)

Quantidade	Espécie	Valor unitário	Valor total

TOTAL GERAL: R$ _____

PARA REALIZAÇÃO DE CONCURSO INSTITUCIONAL

Projeto: Redação: "Campinas, berço cultural do país"
Data: de 10 a 30 de janeiro de 20....
Local: empresa

OBJETIVO GERAL
- Divulgar a organização.

OBJETIVOS ESPECÍFICOS
- Despertar o interesse do público pela cultura.
- Mostrar a preocupação da empresa com a cultura brasileira.

PÚBLICO DE INTERESSE
- Externo (crianças de 8 a 12 anos).

ESTRATÉGIAS
- Divulgação do evento.
- Entrega de prêmios aos três primeiros colocados.
- Divulgação dos premiados no jornal interno da organização e na imprensa local e nacional.
- Festa da entrega dos prêmios.
- Registro do evento em foto/filmagem.

RECURSOS HUMANOS
- 1 recepcionista.
- 5 pessoas para a banca examinadora.
- Garçons (contratação de bufê).
- 1 profissional de fotografia.
- 1 profissional de áudio e som.
- 1 decorador.
- 1 mestre de cerimônias.

RECURSOS MATERIAIS
- Material de divulgação.
- 1 equipamento completo de audiovisual.
- 1 equipamento completo para foto/filmagem.
- 1 equipamento completo para som.
- Decoração do local da recepção.
- Contratação do bufê.
- 5 *kits* de imprensa.

RECURSOS FÍSICOS
- Local para recepção.
- Estacionamento.

IMPLANTAÇÃO

Após a aprovação do projeto, será feita a divulgação do evento por meio da mídia local e do site da organização. Estarão excluídos do concurso de redação todos os funcionários da organização e seus familiares.

Serão tomadas todas as providências com relação aos recursos humanos, materiais e físicos. O referido concurso seguirá um regulamento elaborado levando-se em consideração as suas peculiaridades e após ter sido submetido à apreciação do setor jurídico, principalmente se os prêmios tiverem valores significativos.

FATORES CONDICIONANTES

- Aprovação do projeto.
- Interesse do público.

ACOMPANHAMENTO E CONTROLE

Serão feitos pelos organizadores por meio de cronograma de trabalho e de observações, com anotações durante todas as fases do evento.

AVALIAÇÃO

Com base nos dados de acompanhamento e controle, os organizadores do evento farão relatório para a diretoria da organização.

ORÇAMENTO

Recursos materiais (preencher conforme os recursos materiais necessários)			
Quantidade	Espécie	Valor unitário	Valor total

Recursos humanos (preencher conforme os recursos humanos necessários)			
Quantidade	Discriminação	Valor-hora	Valor total

Recursos físicos (preencher conforme os recursos físicos necessários)			
Quantidade	Espécie	Valor unitário	Valor total

TOTAL GERAL: R$ _____

PARA O LANÇAMENTO DA PEDRA FUNDAMENTAL DE UMA NOVA FILIAL DA EMPRESA

Projeto: Lançamento de pedra fundamental
Data: 00/00/20....
Hora: 10h30
Local: terreno da construção

OBJETIVO GERAL
- Divulgar a empresa por meio do marco inicial da construção de sua nova filial.

OBJETIVOS ESPECÍFICOS
- Apresentar a maquete e a planta do prédio a ser construído.
- Divulgar a área de atuação da empresa na região.

PÚBLICO DE INTERESSE
- Externo: imprensa e autoridades.
- Misto: distribuidores e revendedores.
- Interno: diretores e gerentes das filiais e da matriz.

Estratégias
- Divulgação do evento.
- Apresentação de maquete e planta da obra.
- Oferecimento de almoço.
- Distribuição de brindes e *folders*.
- Registro do evento e de presenças.

Recursos humanos
- 1 mestre de cerimônias.
- 1 pedreiro.
- 3 garçons.
- 2 recepcionistas.
- 1 engenheiro.
- 1 profissional de som e vídeo.
- 1 fotógrafo.
- 3 seguranças.
- 3 manobristas.

Recursos materiais
- Construção da pedra.
- Ata de presença.
- Decoração do ambiente.
- 1 caixa para documentos.
- Documentos e objetos necessários para colocação na caixa.
- 1 placa.
- 1 toldo.
- Cascalho.
- 200 *folders*.
- 1 maquete.
- Planta da construção.
- 200 brindes.

- *Press-releases.*
- Ofícios.
- 200 convites.
- 3 fitas.
- 50 copos de água.
- 100 latas de refrigerante e suco.

RECURSOS FÍSICOS
- Estacionamento.
- Hotel.
- Restaurante.
- Local do evento.

IMPLANTAÇÃO

Após a aprovação do projeto, este será divulgado pela mídia local (apenas para informação sobre o evento) e no site da organização. Serão enviados convites ao público de interesse e tomadas todas as providências com relação aos recursos humanos, físicos e materiais. Toda a fase de pré-evento obedecerá ao cronograma de trabalho. O transevento cumprirá o seguinte roteiro:

- 10h: chegada dos convidados.
- 10h15: o mestre de cerimônias apresenta as autoridades que farão parte da solenidade.
- 10h30: sequência dos discursos.
- 11h: colocação dos documentos e objetos na caixa que será introduzida na pedra pelo homenageado ou pela maior autoridade designada para tal.
- 11h20: lançamento da pedra pela autoridade designada e leitura da placa.

- 11h40: encerramento do evento pelo anfitrião ou pela maior autoridade presente.
- 12h: o mestre de cerimônias convida para o almoço em local previamente reservado.
- 12h10: o pedreiro termina o fechamento da pedra enquanto os convidados se dirigem ao local da recepção.
- 12h30: chegada ao local da recepção, encaminhamento dos convidados pelas recepcionistas, apresentação da maquete/ de plantas, distribuição de brindes e *folders*.

FATORES CONDICIONANTES
- Aprovação do projeto.
- Interesse do público.
- Condições climáticas favoráveis.

ACOMPANHAMENTO E CONTROLE
Realizados pela equipe organizadora com base na observação e no cronograma de trabalho.

AVALIAÇÃO
Será feita pela equipe organizadora com base em dados do acompanhamento, do controle e da repercussão na mídia, com elaboração de relatório para a diretoria ou para o cliente.

ORÇAMENTO

Recursos materiais (preencher conforme os recursos materiais necessários)			
Quantidade	Espécie	Valor unitário	Valor total

Recursos humanos (preencher conforme os recursos humanos necessários)			
Quantidade	Discriminação	Valor-hora	Valor total

Recursos físicos (preencher conforme os recursos físicos necessários)			
Quantidade	Espécie	Valor unitário	Valor total

TOTAL GERAL: R$ _____

PARA CRIAÇÃO DE UM BOLETIM IMPRESSO E ELETRÔNICO

Projeto: Criação de boletim

OBJETIVO GERAL
- Criar um novo veículo de comunicação com o público interno.

OBJETIVOS ESPECÍFICOS
- Cobrir o espaço da periodicidade entre o jornal e a revista, já existentes na empresa.
- Transmitir informações de caráter mais urgente.
- Aproximar empresa, funcionários e familiares.

PÚBLICO DE INTERESSE
- Interno: diretores e gerentes das filiais e da matriz e seus familiares.

ESTRATÉGIAS
- Divulgação do novo veículo.
- Lançamento em café da manhã.
- Escolha do nome por meio de concurso entre os funcionários.
- Leiaute criativo e atraente.
- Registro fotográfico do lançamento.

RECURSOS HUMANOS
- Diretor de RP.
- Equipe de RP.
- 1 fotógrafo.
- 3 garçons.
- 2 recepcionistas.

RECURSOS MATERIAIS
- Cartazetes para o *teaser*.
- Exemplares impressos do boletim n.º 1.
- Itens do café da manhã.
- Datashow.

RECURSOS FÍSICOS
- Restaurante devidamente adaptado.

IMPLANTAÇÃO
Após a aprovação do projeto, será divulgada a criação do boletim por meio de *teasers* impressos (cartazetes) e eletrônicos (intranet), em três fases. Todas as demais providências serão tomadas com relação aos recursos humanos, físicos e materiais.

O boletim impresso terá seis páginas, com tamanho A4, sendo impresso em três cores. O primeiro número sairá sem nome, sendo este escolhido por meio de concurso entre os funcionários da empresa. O lançamento será feito no refeitório da empresa, num café da manhã. O boletim eletrônico será produzido somente após a realização do concurso para a escolha do nome e será acessado no site da empresa.

FATORES CONDICIONANTES
- Aprovação do projeto.
- Interesse do público.

ACOMPANHAMENTO E CONTROLE
Realizados pelo setor de relações públicas, mediante observação, cronograma de trabalho e conversas informais com os funcionários.

AVALIAÇÃO
Será feita pelo setor de relações públicas, com base em dados do acompanhamento/controle e em pesquisa com os funcionários, com elaboração de relatório para o setor.

ORÇAMENTO

Recursos materiais (preencher conforme os recursos materiais necessários)			
Quantidade	Espécie	Valor unitário	Valor total

Recursos humanos (preencher conforme os recursos humanos necessários)

Quantidade	Discriminação	Valor-hora	Valor total

Recursos físicos (preencher conforme os recursos físicos necessários)

Quantidade	Espécie	Valor unitário	Valor total

TOTAL GERAL: R$ _____

PARA PARTICIPAÇÃO EM FEIRAS

Projeto: Estande na Feira ABC
Data: de 10 a 19 de janeiro de 20....

OBJETIVO GERAL
- Fortalecer a imagem/o conceito da empresa.

OBJETIVOS ESPECÍFICOS
- Divulgar os produtos.
- Realizar novos lançamentos.
- Mostrar o diferencial dos produtos da empresa com relação à concorrência.
- Estimular os negócios da empresa.

PÚBLICO DE INTERESSE
- Externo: consumidores.
- Misto desvinculado: distribuidores e revendedores.

ESTRATÉGIAS
- Divulgação do estande da empresa na feira.
- Estande com leiaute atraente.
- Distribuição de brindes, *folders*, *flyers* etc.
- Oferecimento permanente de *coffee-break* aos visitantes.
- Presença de pessoa VIP no estande, no dia da abertura da feira.
- Registro fotográfico dos principais momentos da feira.

RECURSOS HUMANOS
- 3 vendedores.
- 3 garçons.
- 2 recepcionistas.
- 1 fotógrafo.
- 3 seguranças.
- 1 pessoa VIP.

RECURSOS MATERIAIS
- Espaço do estande na feira.
- Construção do estande.
- 5.000 brindes.
- 5.000 *folders*.
- 5.000 *flyers*.
- Itens para *coffee-break*.
- 1 Datashow.
- 5.000 produtos para ser vendidos na feira.

RECURSOS FÍSICOS
- Estacionamento.
- Hotel.
- Restaurante.
- Local do evento.

IMPLANTAÇÃO
Após a aprovação do projeto, serão feitas a compra do espaço físico na feira e a construção de um estande com leiaute atraente. E em seguida será realizada a divulgação da presença do estande da empresa na referida feira, por meio dos veículos de comunicação que compreendem a abrangência da organização.

Uma pessoa VIP será contratada para permanecer no estande no dia da abertura da feira. Para os visitantes haverá um *coffee-break* permanente. Brindes e material de divulgação serão distribuídos aos interessados. Recepcionistas devidamente treinados encaminharão os interessados em efetuar compras aos respectivos vendedores, que permanecerão em salas internas do estande.

Todas as demais providências com relação aos recursos humanos, materiais e físicos serão tomadas.

FATORES CONDICIONANTES
- Aprovação do projeto.
- Interesse do público.

ACOMPANHAMENTO E CONTROLE
Realizados pelo setor de vendas/relações públicas, mediante observação, cronograma de trabalho e conversas informais.

AVALIAÇÃO
Será feita pelo setor de vendas/relações públicas, com base em dados do acompanhamento e do controle e no somatório das vendas efetuadas durante todo o período da feira, com elaboração de relatório para as instâncias competentes da empresa.

Orçamento

Recursos materiais (preencher conforme os recursos materiais necessários)

Quantidade	Espécie	Valor unitário	Valor total

Recursos humanos (preencher conforme os recursos humanos necessários)

Quantidade	Discriminação	Valor-hora	Valor total

Recursos físicos (preencher conforme os recursos físicos necessários)

Quantidade	Espécie	Valor unitário	Valor total

TOTAL GERAL: R$ _____

PARA IMPLANTAÇÃO DE SERVIÇO DE ATENDIMENTO AO CONSUMIDOR (SAC)[12]

Projeto: Implantação do SAC

OBJETIVO GERAL

- Preservar a imagem/o conceito da empresa/organização.

---

12. Veja mais informações em Cesca e Cesca, 2000.

OBJETIVOS ESPECÍFICOS
- Manter atitudes proativas com os consumidores.
- Evitar demandas judiciais.
- Resolver problemas, informar e esclarecer os consumidores.

PÚBLICO DE INTERESSE
- Externo: consumidores.

ESTRATÉGIAS
- Divulgação interna e externa da criação do SAC da empresa.
- Leiaute atraente.
- Inauguração do SAC.
- Registro em foto/filmagem.

RECURSOS HUMANOS
- Diretor de RP.
- Outros diretores.
- Equipe de RP.
- Funcionários da administração.
- Equipe especializada para a implantação técnica.
- 3 atendentes.

RECURSOS MATERIAIS
- Implantação física do SAC.
- Papelaria específica para o setor.
- Itens para coquetel de lançamento interno.
- Linhas telefônicas.
- Computadores.
- 1 máquina fotográfica.

RECURSOS FÍSICOS
- Espaço para instalação do SAC.

IMPLANTAÇÃO

Depois de aprovado o projeto, será divulgada a criação do SAC com os públicos de interesse, pelo site, pela intranet e pela extranet. O espaço físico, devidamente equipado, será providenciado pelos setores competentes, bem como a contratação ou remoção de funcionários para esse novo setor da empresa. Todas as demais providências serão tomadas com relação aos recursos humanos, materiais e físicos. O SAC será supervisionado pelo setor de relações públicas, com o apoio do setor jurídico da organização.

FATORES CONDICIONANTES

- Aprovação do projeto.
- Condições satisfatórias de atendimento à demanda.

ACOMPANHAMENTO E CONTROLE

Serão realizados pelo coordenador do SAC, por meio de relatórios mensais, para o setor de relações públicas.

AVALIAÇÃO

Será feita pelo coordenador do SAC com base em dados do acompanhamento/controle e com a elaboração de relatório para o setor de relações públicas, de início mensalmente. Depois de consolidado o SAC, os relatórios serão trimestrais.

ORÇAMENTO

Recursos materiais (preencher conforme os recursos materiais necessários)			
Quantidade	Espécie	Valor unitário	Valor total

Recursos humanos (preencher conforme os recursos humanos necessários)			
Quantidade	Discriminação	Valor-hora	Valor total

Recursos físicos (preencher conforme os recursos físicos necessários)			
Quantidade	Espécie	Valor unitário	Valor total

TOTAL GERAL: R$ _____

PARA IMPLANTAÇÃO DE MANUAL DE INTEGRAÇÃO PARA OS FUNCIONÁRIOS

Projeto: Implantação do manual do funcionário

Objetivo geral
- Facilitar a integração do funcionário na empresa.

Objetivos específicos
- Manter os funcionários informados sobre os seus direitos e deveres.
- Evitar que os funcionários cometam deslizes alegando desconhecimento.
- Ter informações ao alcance a qualquer momento.

Público de interesse
- Interno vinculado: funcionários da matriz e das filiais.

Estratégias

- Divulgação, para os funcionários, do novo veículo de informação.
- Lançamento nos horários de refeição no refeitório, para todos os turnos.
- Leiaute criativo e atraente.
- Utilização de fonte corpo 14 e ilustrações.
- Registro fotográfico do lançamento.
- Divulgação do lançamento no jornal interno da empresa.
- Produção impressa e eletrônica.

Recursos Humanos

- Equipe de RP.
- Garçons (a quantidade dependerá do número de funcionários da empresa).
- 2 recepcionistas.
- 1 fotógrafo.

Recursos Materiais

- 500 exemplares do manual do funcionário.
- 1 item diferenciado na refeição do dia do lançamento.
- 1 equipamento para foto/filmagem.
- Ambientação do refeitório.

Recursos Físicos

- Restaurante.

Implantação

Após a aprovação do projeto, será divulgada a criação do manual por meio de *teasers* impressos (cartazetes) e eletrônicos (intranet), em três fases. O manual impresso terá tamanho meio ofício, com 24 páginas em cores, ilustrado e em fonte corpo 14. O eletrônico será acessado no site da empresa. O lançamento será feito no refeitório da empresa, em todos os turnos. As providências serão tomadas com relação aos demais recursos humanos, físicos e materiais.

FATORES CONDICIONANTES
- Aprovação do projeto.
- Interesse do público.

ACOMPANHAMENTO E CONTROLE
Serão realizados pelo setor de relações públicas e recursos humanos, por meio de cronograma e de conversas informais com os funcionários.

AVALIAÇÃO
Será feita pelos setores de relações públicas e recursos humanos com base em dados do acompanhamento/controle e em pesquisa com os funcionários, seguida da produção de relatório para o setor.

ORÇAMENTO

Recursos materiais (preencher conforme os recursos materiais necessários)			
Quantidade	Espécie	Valor unitário	Valor total

Recursos humanos (preencher conforme os recursos humanos necessários)			
Quantidade	Discriminação	Valor-hora	Valor total

Recursos físicos (preencher conforme os recursos físicos necessários)			
Quantidade	Espécie	Valor unitário	Valor total

TOTAL GERAL: R$ _____

PROJETOS PARA INSTITUIÇÕES DO TERCEIRO SETOR

O terceiro setor é amplo, sendo composto por instituições com especificidades próprias. As instituições pesquisadas (religiosa, beneficente, voluntariado e clube de serviço) deixaram claro que um serviço de relações públicas em muito facilitaria e contribuiria para a efetivação da ligação com seus públicos.

Nem toda instituição pode, por determinação de seus estatutos, ter funcionários com vínculo empregatício ou voluntários. Mas aquelas cujos estatutos permitem tornam-se geradoras de empregos e/ou abrem suas portas ao voluntariado. Tornam-se, portanto, um nicho de mercado para várias profissões, em particular a de relações públicas.

Observou-se que as entidades pesquisadas poderiam utilizar estratégias muito além daquelas que são postas em prática se um serviço de relações públicas, voluntário ou com vínculo empregatício, fizesse parte do quadro funcional dessas instituições.

O terceiro setor tem se sustentado com a disponibilidade do voluntariado, mas à medida que cresce começa a exigir também pessoas especializadas para atuar nos seus diversos setores. Pretende-se, portanto, que haja um intercâmbio entre a academia e o terceiro setor, com a nossa proposta podendo contribuir para o passo inicial.

A seguir, apresentamos *algumas fases* dos projetos propostos a essas instituições do terceiro setor.

INSTITUIÇÃO DE VOLUNTARIADO[13]

OBJETIVO GERAL
- Fortalecer o conceito/a imagem da instituição perante seus públicos.

OBJETIVOS ESPECÍFICOS
- Divulgar a instituição.
- Aproximar os públicos.
- Efetivar a relação instituição/públicos.

PÚBLICO DE INTERESSE
- Interno vinculado: funcionários.
- Interno desvinculado: voluntários, pessoas que prestam serviços dentro da instituição.
- Misto desvinculado: fornecedores.
- Externo: comunidade, imprensa, órgãos governamentais etc.

ESTRATÉGIAS
- Realização de pesquisa institucional.
- Criação de logo.
- Elaboração de vídeo institucional.
- Produção de *folder* institucional.
- Identificação de fachada.
- Produção de placas de identificação.
- Realização de eventos para captação de recursos.
- Criação de quadro de avisos interno.
- Produção de livro comemorativo.
- Realização de campanha para ampliar o número de sócios.

---

13. Este tópico integra um projeto de pesquisa desenvolvido pela autora, na PUC--Campinas, intitulado "Relações públicas para o terceiro setor".

- Elaboração de um boletim informativo para sócios.
- Criação de site e *e-mail*.
- Realização de clipagem.
- Registro de todos os acontecimentos da instituição (fotos/filmagem).
- Ampliação e organização do espaço físico.
- Realização de parcerias com outras instituições do terceiro setor.
- Criação de assessoria de imprensa.
- Produção de cartões de Natal em parceria com escolas de arte.
- Padronização de papelaria.
- Padronização da comunicação escrita (impressa e eletrônica).
- Realização de bazar beneficente para a venda de enxovais/peças produzidas pela oficina, gerando receita.
- Produção de relatório social.

INSTITUIÇÃO DE CLUBE DE SERVIÇO

OBJETIVO GERAL
- Fortalecer o conceito/a imagem da instituição perante seus públicos.

OBJETIVOS ESPECÍFICOS
- Divulgar a instituição.
- Aproximar os públicos.
- Efetivar a relação instituição/públicos.

PÚBLICOS DE INTERESSE
- Interno vinculado: funcionários.
- Interno desvinculado: voluntários, pessoas que prestam serviços dentro da instituição.

- Misto desvinculado: fornecedores.
- Externo: comunidade, imprensa, órgãos governamentais etc.

ESTRATÉGIAS
- Realização de pesquisa institucional.
- Padronização da comunicação escrita impressa e eletrônica.
- Criação de assessoria de imprensa.
- Divulgação das ações.
- Publicação de artigos de sócios em datas oportunas.
- Produção de jornal mural e/ou quadro de avisos.
- Realização de clipagem.
- Apoio a instituições.
- Elaboração de boletim mensal para os sócios.
- Criação de *folder* institucional.

INSTITUIÇÃO BENEFICENTE

OBJETIVO GERAL
- Fortalecer o conceito/a imagem da instituição perante seus públicos.

OBJETIVOS ESPECÍFICOS
- Divulgar a instituição.
- Aproximar os públicos.
- Efetivar a relação instituição/públicos.

PÚBLICO DE INTERESSE
- Interno vinculado: funcionários.
- Interno desvinculado: voluntários, pessoas que prestam serviços dentro da instituição.

- Misto desvinculado: fornecedores.
- Externo: comunidade, imprensa, órgãos governamentais etc.

ESTRATÉGIAS
- Realização de pesquisa institucional.
- Elaboração de um livro comemorativo.
- Produção de vídeo institucional.
- Criação de boletim mensal.
- Produção de *folder* institucional.
- Realização de clipagem.
- Criação de site institucional.
- Realização de eventos para a comunidade (festa junina, festa das nações etc.) visando gerar renda.
- Organização de confraternização com voluntários e funcionários.
- Produção de calendário para brindes, com ilustrações das crianças.
- Elaboração de cartões de Natal com desenhos das crianças da creche.
- Padronização da papelaria.
- Padronização da comunicação escrita impressa e eletrônica.
- Comemorações de datas significativas para a creche: dia das crianças, das mães, dos pais, Páscoa, Natal, aniversário da creche, aniversário do fundador.
- Criação de assessoria de imprensa.
- Divulgação de todas as atividades que a creche realiza.
- Publicação de artigos de sócios e diretoria, em datas oportunas.
- Captação de recursos.
- Produção de um relatório social
- Preparo de um livro comemorativo.

INSTITUIÇÃO RELIGIOSA CATÓLICA

OBJETIVO GERAL
- Fortalecer o conceito/a imagem da instituição perante seus públicos.

OBJETIVOS ESPECÍFICOS
- Divulgar a instituição.
- Aproximar os públicos.
- Efetivar a relação instituição/públicos.

PÚBLICO DE INTERESSE
- Interno vinculado: funcionários.
- Interno desvinculado: voluntários, pessoas que prestam serviços dentro da instituição.
- Misto desvinculado: fornecedores.
- Externo: comunidade, imprensa, órgãos governamentais etc.

ESTRATÉGIAS
- Realização de pesquisa institucional.
- Padronização da fachada da paróquia.
- Produção de *folder* institucional.
- Criação de vídeo institucional.
- Realização de cursos para as comunidades assistidas, visando gerar autossustento.
- Oferecimento de cursos a paroquianos e à comunidade do entorno, visando gerar receita.
- Realização de excursões para paroquianos (peças teatrais, locais religiosos, exposições, cidades turísticas etc.).
- Disponibilização de espaço físico para festas de casamento, outras bodas, exposições e lançamentos, visando gerar receita.
- Atualização permanente do site.

- Padronização da comunicação escrita impressa e eletrônica.
- Criação de assessoria de imprensa.
- Realização de clipagem.
- Produção de artigos, pelos paroquianos, para veiculação nos jornais da cidade.
- Realização de entrevistas com o pároco e/ou paroquianos nas emissoras de televisão locais.
- Produção de calendário de mesa para brinde.
- Realização de campanha "Adote um Estudante Carente" com os paroquianos.
- Organização de reuniões do setor de relações públicas com a presença de representantes das pastorais.
- Realização de parcerias com o setor privado para viabilizar atividades das pastorais.
- Apoio especializado, técnico e logístico a todas as ações das pastorais.
- Elaboração de um livro comemorativo.
- Produção de um relatório social anual.

Referências bibliográficas

ANDRADE, C. Teobaldo S. *Panorama das relações públicas*. São Paulo: Comart, 1973.
_____. *Para entender relações públicas*. 4. ed. São Paulo: Loyola, 1993.
_____. *Curso de relações públicas*. São Paulo: Summus, 1994.
_____. *Dicionário profissional de relações públicas e comunicação*. 2.ed. São Paulo: Saraiva, 1996.
CAPRIOTTI, Paul. *Planificación estratégica de la imagen corporativa*. Barcelona: Ariel, 1999.
CESCA, Cleuza G. Gimenes. *Organização de eventos – Manual para planejamento e execução*. 10. ed. revista e atualizada. São Paulo: Summus, 2008.
_____. *Comunicação dirigida escrita na empresa – Teoria e prática*. 5. ed. revista, atualizada e ampliada. São Paulo: Summus, 2006.
CESCA, Cleuza G. Gimenes (org.). *Relações públicas e suas interfaces*. São Paulo: Summus, 2006.
CESCA, Cleuza G. Gimenes; CESCA, Wilson. *Estratégias empresariais diante do novo consumidor – Relações públicas e aspectos jurídicos*. São Paulo: Summus, 2000.
COHEN, Roger. *Tudo que seus gurus não lhe contaram sobre comunicação empresarial*. 3. ed. São Paulo: Best Seller, 1988.
CORRADO, Frank M. *A força da comunicação*. São Paulo: Makron Books, 1994.
D'AZEVEDO, Martha Alves. *Relações públicas – Teoria e processo*. São Paulo: Saraiva, 1971.
EVANGELISTA, Marcos Fernando. *Relações públicas – Fundamentos e legislação*. Rio de Janeiro: Rio, 1977.
FONSECA, Abílio. *Comunicação institucional – Contributo das relações públicas*. Porto: Instituto Superior Maia, 1998.
FORTES, Waldyr Gutierrez. *Relações públicas – Processo, funções, tecnologias e estratégias*. 2. ed. São Paulo: Summus, 2003.
FRANÇA, Fábio. *Públicos – Como identificá-los numa visão estratégica*. São Caetano do Sul: Difusão, 2004.
GRUNIG, James (org.). *Excellence in public relations and communication management*. Hillsdale: Lawrence Erlbaum, 1992.
KUNSCH, Margarida M. K. *Planejamento de relações públicas na comunicação integrada*. 4. ed. revista e ampliada. São Paulo: Summus, 2002.

_____. *Relações públicas e modernidade – Novos paradigmas na comunicação organizacional*. São Paulo: Summus, 1997.

KUNSCH, Margarida M. K. (org.). *Obtendo resultados com relações públicas*. 2. ed. São Paulo: Thomson, 2006.

LEITE, Roberto Paula. *Relações públicas*. São Paulo: Brasil, 1977.

MOGEL, Leonard. *Making it in public relations*. Nova York: Collier Books, 1993.

MOURA, Cláudia Peixoto. *O curso de comunicação social no Brasil*. Porto Alegre: EDIPUCRS, 2002.

PENTEADO, José Roberto Whitaker. *Relações públicas nas empresas modernas*. 2. ed. Lisboa: CLB, 1969.

PROJETOS Experimentais da Faculdade de Relações públicas da PUC--Campinas.

REGO, Francisco Gaudêncio Torquato. *Comunicação empresarial – Comunicação institucional*. São Paulo: Summus, 2002.

SIMÕES, Roberto Porto. *Relações públicas e micropolítica*. São Paulo: Summus, 2001.

_____. *Relações públicas – Função política*. São Paulo: Summus, 1995.

SQUIRRA, Sebastião C. de Moraes. *O século dourado – A comunicação eletrônica nos EUA*. São Paulo: Summus, 1996.

WEY, Hebe. *O processo de relações públicas*. 2. ed. São Paulo: Summus, 1983.

leia também

RELAÇÕES PÚBLICAS E SUAS INTERFACES
Cleuza G. Gimenes Cesca (org.)
Unindo especialistas do Brasil, da Espanha e de Portugal, Cleuza Gimenes Cesca apresenta mais uma obra indispensável para estudantes e profissionais de Relações Públicas. Entre os temas abordados estão o relacionamento com o público interno, os desafios na era da internet, a nomenclatura do setor e o papel da informação nesse segmento.

REF. 10278   ISBN 85-323-0278-5

ORGANIZAÇÃO DE EVENTOS
Manual para planejamento e execução
Edição revista
Cleuza G. Gimenes Cesca
Este livro aborda a realização de eventos na área empresarial com objetivos de divulgação, promoção, relações públicas etc. São estudados os aspectos fundamentais na escolha e definição de eventos. Unindo larga experiência de docente ao conhecimento prático, a autora criou um guia seguro para os profissionais e estudantes de RP, turismo, recursos humanos e publicidade.

REF. 10401   ISBN 978-85-323-0401-8

COMUNICAÇÃO DIRIGIDA ESCRITA NA EMPRESA
Teoria e prática
Edição revista
Cleuza G. Gimenes Cesca
Ao lado de conceitos técnicos, a autora apresenta numerosos exemplos e sugestões viáveis de sistemas de comunicação escrita nas empresas. Numa linguagem fácil, demonstra a necessidade do emprego deste tipo de atividade a ser realizada pelas assessorias de relações públicas para obter um bom fluxo interno das informações.

REF. 10047   ISBN 978-85-323-0047-8

www.gruposummus.com.br

IMPRESSO NA
sumago gráfica editorial ltda
rua itauna, 789 vila maria
02111-031 são paulo sp
tel e fax 11 **2955 5636**
sumago@sumago.com.br